엄마의
두 번째
명함

엄마의 두 번째 명함

초 판 1쇄   2022년 03월 24일

지은이 김수영(나비코치)
펴낸이 류종렬

펴낸곳 미다스북스
총괄실장 명상완
책임편집 이다경
책임진행 김가영 신은서 임종익 박유진

등록 2001년 3월 21일 제2001-000040호
주소 서울시 마포구 양화로 133 서교타워 711호
전화 02) 322-7802~3
팩스 02) 6007-1845
블로그 http://blog.naver.com/midasbooks
전자주소 midasbooks@hanmail.net
페이스북 https://www.facebook.com/midasbooks425
인스타그램 https://www.instagram.com/midasbooks

© 김수영, 미다스북스 2022, *Printed in Korea*.

ISBN 979-11-6910-000-7 03190

값 **15,000원**

나다운 일을
꿈꾸는 엄마의
리스타트
프로젝트

엄마의
두 번째
명함

김수영(나비코치) 지음

미다스북스

엄마, '나다운 삶'을 찾아가다

20대 청년 방황기, 내 인생의 프레임에 잔잔한 파동을 일으키며 생각의 혁명을 불러넣은 책이 있다. 바로 변화경영 전문가 구본형 소장님의 『그대 스스로를 고용하라』이다. 이 책에서 보면 우리 삶의 모습에 비유한 '인디언의 들소사냥' 이야기가 나온다.

인디언들은 들소를 잡을 때 들소의 특성을 이용해서 쉽게 잡는다. 들소는 눈이 옆에 달려 있어 다른 소들이 옆에서 달리는 모습을 보고 머리를 숙인 채 무조건 앞으로 달린다. 문제는 절벽에 다다르게 되면 앞선 놈이 정지하라는 신호를 보내지만 이미 때가 늦었다. 속도를 미리 늦출 수 없는 상태라 선두 그룹에 선 소들은 정지할 틈도 없이 뒤에서 달려오는 들소 떼에 밀려서 절벽 밑으로 떨어져 죽는다. 그러면 절벽 밑에 기다리고 있던 인디언들이 떨어져 죽은 소를 그냥 끌고 오기만 하면 된다.

갑자기 나에게 어떤 전율이 일어나기 시작했다. 그동안 평범한 20대의 직장인으로 회사와 집만 오가며 회의적 자세로 살아오던 나에게 나는 지금까지 이 '들소의 삶'을 살아왔던 것은 아니었던가? 나는 내가 가는 길을 제대로 바라보고 있었던 것인가? 어디로 가는지도 모르게 그냥 옆의 다른 소들이 달리는 모습을 보고 머리를 숙인 채 무조건 그냥 앞만 보고 달려온 것이 아니었나? 하는 자문을 하게 된 것이다. 가야 하는 대학이니까, 졸업했으면 취업은 해야 하니까 그렇게 나는 부모님이 하라는 대로, 남들이 살아가는 방식대로, 자율적 행동과 생각은 무시한 채 수동적 삶을 살아왔음을 깨닫게 되었다.

우리 사람도 무리 속에 있으면 일단 안심하게 되고, 세상의 대세와 주류 속에 섞여 있으면 별 탈 없이 무난한 일상을 보낼 수 있다. 하지만 그 일상이 결코 안전한 게 아니다. 그때부터였다. 나는 대세의 흐름에 나를 맡기는 것이 아닌 내 삶의 전체를 조망하며 늘 내가 지금 제대로 내 길을 걸어가고 있는지 방향을 예의 주시하는 습관을 갖게 된 것이다.

내가 삶을 바라보는 이런 관점과 가치관은 결혼 후 아이를 낳고 자연스럽게 육아로 인한 경력단절이 되었을 때에도 새로운 커리어에 도전하는 재도약기를 갖게 해주었다.

엄마 다음의 삶, 나의 커리어는 안전한가?

사람마다 경주마처럼 내 인생을 열심히 살아가다 한 번씩 돌아보게 되는 타이밍이 있다. 육아기 엄마의 삶도 그런 전환점이 되는 시기이다. 그때 즈음에는 한 번쯤 생각해본다.

'나는 무엇을 원하는가?'

'나는 어떻게 살아야 하는가?'

'나다움이란 무엇일까?'

마치 사춘기가 찾아오는 것처럼 '나'에 대한 정체성을 찾게 된다. 엄마의 경우라면, 옹알이하는 아이와 시간을 보내다, 혹은 아침저녁으로 출퇴근과 아이 등·하원을 동시에 챙기는 정신없는 시간 사이에 불쑥불쑥 찾아오기도 한다. 나의 경우도 다르지 않았다. 한참 육아 시기에 '나'를 찾고 싶었다. 어떻게 보면 그것은 '나 자신'을 지켜내기 위한 '절박함'이었으리라.

첫째 아이를 낳고 육아 휴직기에 내가 현재 직업으로 가지고 있는 일, 앞으로의 비전에 대해 다시금 고민하게 되었다. 육아기 이후 '엄마 다음의 삶, 나의 커리어'는 어떻게 되는 것일까. 3~5년 후 혹은 10여 년 후에는? 현재 나의 일은 지속할 수 있을까? 아니면 육아기 이후 다른 일을 다시 시작할 수 있을까?

과거의 나를 돌아보기 시작했다. 그러다 한참 진로 방황기에 내가 고민했던 '상담과 교육' 영역이 떠올랐다. 상담, 교육, 심리학에 흥미가 있었지만 다시 새로 진학하여 공부하기에는 스스로 진로를 선택하는 자율성과 독립성이 턱없이 부족했던 시절이었기에 마음에서 접어두었던 막연한 꿈이었다.

무언가 내가 하고 싶은 목표가 생기니 퇴사를 염두에 두고 있어도 막연한 마음이 들지 않았다. 내가 정한 기간은 5년. 둘째 계획까지 있었기에 임신 및 출산 기간까지 고려한 기간이었다. 육아기 우리 아이들과 함께하며 엄마로서 다음의 삶을 준비하자. 그렇게 나는 육아 휴직서와 함께 퇴사를 선택하게 된다.

육아기는 엄마의 두 번째 명함을 만드는 시기

작년부터 나는 다시 일어서기를 꿈꾸는 엄마들과 함께 아침 6시 미라클 모닝 한 시간을 매일 가져왔다. 그 시간에는 각자 개인마다 꿈꾸는 미래를 위해 자신을 위한 시간으로 가졌다. 그 누군가는 독서를, 누군가는 계획하던 자격증 공부를, 누군가는 자신을 탐색하는 블로그 글쓰기를 하고 있기도 하다.

1년 동안 함께 성장해가는 시간 속에서 나도 그들에게도 많은 변화가 일어나기 시작했다. 하루 안에 습관을 설계하고 꿈을 그리는 엄마의 시간을 가지며 그 누군가는 가슴 설레는 자신의 일을 찾아내기도 하고, 그 누군가는 그 일을 실현하기도 하는 등 감사와 변화의 성장을 보이고 있었다. 사회복지사, 보육교사, 캘리그래피, 플로리스트 자격증 등…. 생각만 하던 자격증을 새벽 공부시간을 통해 1년 안에 취득한 분들, 새벽마다 적어 내려간 감사일기로 자신의 삶이 변화되었다며 '감사일기' 프로젝트

를 시작하는 분, 새벽마다 독서한 시간이 너무 좋았다고 '엄마의 성장 독
서 모임'을 시작하는 분들까지 1년의 미라클 모닝 시간 안에서 하루하루
그녀들의 변화는 기적처럼 일어나고 그녀들만의 '두 번째 명함'을 만들어
가고 있다.

엄마, 나다운 삶을 꿈꿔야 하는 이유

엄마의 '나다운 삶'이란 무엇일까? 오늘 하루 엄마 자신의 새로움을 알
아가는 시간이 있었는지 한번 돌아보자. 소소한 일상의 행복은 '새로움을
발견해가는 즐거움'에서 생겨난다. 다른 이들과 비슷한 삶이 아니라 이제
부터라도 엄마의 '자기다운' 삶을 고민해야 한다. 그것은 직장을 찾고 이
직에 대한 고민을 넘어서는 것이다. 현재 자신의 삶에서 무엇이 중요한
지, 자신이 무엇을 원하는지, 무엇에서 행복할 수 있는지, 어떤 일을 할
때 내 가치를 실현시킬 수 있을지 치열하게 고민하고 답해가는 과정이자
자신만의 '삶의 철학'이다.

지금까지 그렇게 해야 하니까 흘러가는 대로 맞춰진 엄마의 삶이 아닌
스스로를 고용하는 자기 주도적인 삶의 자세가 우리 엄마에게도 필요하
다. 변화해야겠다고, 다시 일어서야겠다고 생각이 든다면 이전과 똑같
은 하루의 시간을 써서는 변화할 수가 없다. 이전의 익숙한 시간, 익숙한
사람들과의 결별을 선언해보자. 관심 분야로 채워간 시간 안에서 성장의

해시태그를 그릴 수 있다면 분명 조금씩 변화의 흐름이 시작된 것이다.

지금 나는 초등학생 아들 둘 엄마이며 프리랜서이자 여성 1인 기업가로, 여성들의 성장과 리스타트를 돕는 코치로, 무엇보다 나 자신을 사랑하고 이끌어가는 셀프 멘토로서 삶을 가꾸어가고 있다. 이 변화의 시작은 엄마의 하루 시간 중 나에게 집중하는 시간을 끌어와 내가 꿈꾸는 삶의 시간으로 쓰고 실천해왔기 때문에 가능했다.

내가 지나온 여정을 다시 일어서기를 꿈꾸는 엄마들과 나누고자 이 책을 썼다. 한때의 절박함으로 나만의 커리어를 만들어왔듯이 그녀들이 성장하고 변화하는 모습을 바라보며 당신도 다시 시작할 수 있다고, 늦지 않았다는 희망을 가지도록 이 책을 쓰게 되었다.

부디 이 책이 이제부터라도 자기다움을 찾아 두 번째 명함을 꿈꾸는 엄마들에게 닿아 리스타트 가이드가 될 수 있기를 진심으로 바란다. 더불어 언제나 든든한 지원군이자 응원군으로 나의 버팀목이 되어주는 가족에게 고마움을 전한다.

2022년 봄의 시작 지점에서
당신의 리스타트를 응원하며, 김수영

CONTENTS

Chapter 2
워킹맘의 실패 없는 퇴사 라이프

Chapter 3
리스타트 워밍업편-잃어버린 나를 찾아서

Chapter 4

리스타트 실천편─**커리어 로드맵 워크샵**

Chapter 5
온택트 시대, 엄마가 똑똑하게 일하는 법

Chapter 1

엄마,
육아 이후의
삶을 꿈꿔야 하는
이유

엄마 인생에 당신이 없는 이유

잘게 쪼개진 시간 속에 엄마의 시간은 없다

"하루 종일 아이를 돌보고 살림하다 보면 시간이 없어요."
"아이 재우다 보면 저도 어느새 잠이 들어버려요."

엄마의 시간은 제각각인 일들로 빼곡히 채워져 있다. 결혼 전 온전히 '나'에게만 집중하여 살아왔다면 엄마로서의 시간은 온전히 나에게만 집중하기 어려운 하루를 보낸다. 세계적인 몰입 연구의 선구자 미하이 칙

센트미하이에 따르면 남자들은 평균적으로 한 번에 1.5가지 일을 하고 여자들은 한 번에 5가지 정도의 일을 하면서 머릿속으로는 2~3가지의 다른 일들을 생각하거나 계획한다고 한다. 특히 엄마들은 자신의 외부 세계나 내부 세계를 온전히 경험하지 못하며 현재에 충실한 삶을 살기가 굉장히 어렵다고도 했다.

육아기 엄마의 경우 돌봄을 필요로 하는 아이의 계속되는 요구에 대응해줘야 하기 때문에 무언가 하나의 일에 몰입하기가 매우 어려운 상황이다. 돌아서면 아이 밥 때이고 아이 등·하원을 챙겨줘야 하고, 돌아서면 설거지, 빨래 등 집안 살림이 한가득이다. 아이가 유치원이나 초등학교를 다니게 되어 어느 정도 반나절의 여유가 생기는 시기가 와도 이상하게 엄마의 시간은 늘 바쁜 모양새다. 무슨 학부모 모임은 그리도 많은지. 또한 오며 가며 만나는 엄마들과 커피 한잔 하고, 아이들 옷을 사러 동네 매장에 다녀오고, 저녁 반찬거리 사러 마트 다녀오면 어느새 아이들이 돌아올 시간이다. 어디를 다녀오든 안 다녀오든 하루는 늘 이상하게 부족하고 바쁘다.

직장맘의 경우라도 그 무게가 덜한 것도 아니다. 아이 학교나 학원에서 아이 학업과 교우 문제가 있거나 혹은 아이가 아프면 대개는 회사에 있는 엄마에게 연락이 온다. 직장에서 종일 일에 치이고 집에 오면 바로 또 쏟아지는 집안일과 아이들 숙제를 챙기다 보면 에너지가 소진된다. 육아 스트레스는 쌓여만 가고 무언가 하루는 무척 바쁘게 지낸 것 같은

데, 드러나는 성과는 없어 보이고 내 삶은 정체되어 있는 것 같은 생각에 때론 우울한 마음이 들기도 한다. 퇴근 후 휴식은 적어도 엄마에게는 허용되지 않는 남의 이야기인 것만 같다.

이렇다 보니 하루 중 잘게 쪼개진 시간 안에 엄마는 없는 것 같다. 그런데 잘 생각해보면 엄마는 시간이 없는 게 아니라, '에너지'가 없는 것일 수도 있다. 하루 24시간은 누구나에게 똑같다. 하루라고 하는 유리병이 있다고 할 때 우리는 유리병에 에너지를 가득 채워 하루를 시작한다. 그리고 내가 가진 에너지를 쏟아붓는다. 그렇게 에너지를 붓다 보면 어느새 생각이 든다.

'오늘 하루, 내가 무얼 하느라 이렇게 바쁘고 정신없었지?'

에너지 총량의 법칙이란 말이 있다. 사람이 쓸 수 있는 에너지의 총량은 정해져 있다는 뜻이다. 내가 가진 에너지의 총량은 한정되어 있는데 모든 영역에서 에너지를 다 마음껏 퍼부을 수는 없다. 하루 24시간의 유리병에 내 에너지를 순간마다의 이벤트(육아, 모임, 전화, 카톡, SNS, 살림, 요리 등등)로 다 써버리고 나니 어느덧 더 쏟아부을 에너지가 없다. 즉, 정작 중요한 엄마인 자신에게는 가용할 에너지가 없게 되는 것이다.

한번 엄마의 하루 시간을 쪼개서 들여다보자. 과연 엄마인 그대 스스로는 하루가 정말 바빴다고는 하지만 정말 꼭 필요한 일에 생산성 있게 효율적으로 바쁘게 썼는지 말이다. 여기서 말하는 효율적이고 생산성 있는 시간이란 앞으로 내가 그리는 꿈과 비전을 위해 애써서 공들인 시간을 말한다. 살림도 중요하고, 회사 일도 중요하고, 때론 즐거운 지인과의 수다 타임도, 학부모 모임도 물론 중요하다. 하지만 이런 시간에 공을 들이고 '나'는 어떤 성취감을 느꼈던가…? 적어도 나는 그렇지 않았다.

자녀로부터 독립하지 못한 엄마

언제부터인가 엄마들의 대화에서 엄마 자신의 이야기는 빠져 있다. 삼삼오오 모인 엄마들의 모임에선 대부분 아이 학교생활 얘기, 아이 학원 어디가 좋다더라의 정보 공유 시간이 많고, 때로 남편 얘기, 친정 시댁 얘기, 옆집 엄마, 누구네 엄친아 얘기 등등 자신의 이야기 빼곤 먼 나라 이웃나라 이야기가 다 시간을 차지하고 있다.

"아이가 커서 뭘 하고 싶어 하는지 꿈이 없어서 문제예요."
"도대체 커서 뭐가 되려는지…. 스스로 알아서 하는 게 없다니까요."

엄마라면 으레 한 번쯤 하소연을 해보게 되는 이야기다. 눈에 넣어도 아프지 않은 자녀를 낳고 키우며 부모는 자연스럽게 아이에 대한 기대감을 가지게 된다. '아프지 말고 건강하게만 자라다오.'라고 할 때의 초심은 어느새 잊히고 아이의 학교생활, 진로, 성적에 주파수를 달고 아이 꿈에 매달리며 종종거린다.

"엄마인 당신의 꿈은 무엇인가요? 앞으로 무얼 하고 싶으세요?"
"글쎄요…. 우선 아이가 좀 더 자라고 좋은 학교에 보내고 나서…."

엄마 자신도 하고 싶은 게 없고 무엇을 해야 할지 모르는데, 아이가 꿈이 없다고 하면 이상하게 답답해지는 엄마다. 돌봄을 많이 필요로 하는 육아 한창기 때는 엄마의 수면도 부족한 상태이니 충분히 그럴 수 있다. 그런데 만약 아이가 자라 시시각각 엄마의 돌봄을 필요로 하지 않는 이후에는? 혹은 대학에 보낸 다음에는? 엄마 인생에서 아이가 빠져나간 후에는 무엇을 하고 싶은지 혹시 생각해본 적은 있는가? 또 이를 위해 지금 준비하고 있는 게 있는가? 왜 아이들에게는 '책을 읽어라.', '스마트폰 그만 보거라.', '게임 그만 하거라.', '꿈을 가져라.', '자기주도적인 삶을 살아라.' 하면서 정작 엄마인 자신은 오늘 그러한 삶을 살지 않는 것일까.

동물의 생태계를 보다 보면 오히려 만물의 영장이라는 우리 사람들이 배워야 할 점이 있다. 동물들은 새끼를 낳으면 품에 끼고 있지만, 새끼가 크면 점차 독립할 준비를 시킨다. 우리 사람의 부모와 자녀의 모습도 비슷한 듯하지만 또 다른 면들도 보인다. 이 '독립'이 불완전하게 일어나는 경우들이 있는 것이다.

자녀는 점차 부모로부터 독립하려 하는데, 이상하게 한국의 엄마들은 자녀가 점차 성장해도 독립이 아닌 계속 끼고 있어야 할 새끼를 돌보는 것 마냥 주위를 맴도는 모습을 많이 보게 된다. 아이들 학교, 학원 과제물을 자녀가 스스로 할 수 있도록 지도하는 것이 아닌, 입시를 치르는 그 순간까지도 자녀의 일상과 학업 라이프를 면밀히 주시하고 심지어 자녀의 진로와 취업도 아이가 아닌 부모가 원하는 상으로 포트폴리오를 만들어 고군분투하고 있는 것이다. 아이의 일거수일투족을 체크하고 따라다니게 되다 보니 엄마의 주간 스케줄에는 엄마 자신을 위한 시간보다는 아이를 위해 넣은 스케줄들로 빼곡하다.

자녀교육에 대한 관심과 극성은 다른 것이라 생각한다. 물론 부모로서 아이의 성장과 학업, 그리고 사회활동을 위해 어느 정도까지는 물질적, 정서적 지원과 지지가 필요하지만 이후 자녀 스스로 자립하여 정상적인 한 사회인의 일원으로 살아갈 수 있도록 응원의 지지를 하는 것이 우리 부모에게 필요한 모습일 것이다.

또한 자녀가 성장하면서 부모로부터 독립의 준비를 하고 자신의 인생을 살아가는 것처럼 부모 또한 '자녀'로부터 서서히 경제적, 정서적으로 독립할 준비가 필요하다. 『오늘 엄마가 공부하는 이유』의 이미애 저자는

"아이 양육에 걸리는 시간은 10년, 이후 당신은 무엇을 할 것인가?"라는 화두를 던지며 "평생 엄마로만 사는 게 아니다."라고 했다. 나 또한 막연하게 늘 염두에 두던 부분이다. 아이들이 성장하면서 좋은 엄마 역할에 대한 기대가 달라진다. 돌봄이 필요한 자녀의 어린 시절에는 엄마가 늘 자신의 옆에 머물러 있어주기를 바라지만, 청소년기를 거치면서 아이들은 친구들에게 자랑하고 싶은 엄마, 물질적·심리적으로 도움이 되는 엄마, 본받을 수 있는 엄마를 바란다는 것을 말이다. 객관적 인정과 성취감을 위해 경제적 독립이 필요했고, 엄마 다음의 자리를 위해 경제적 독립이 나에게는 필요했다.

엄마인 당신은 과연 자녀들에게서 '독립'을 준비하고 있는가? 엄마는 그 무엇이든 경제적 독립을 위해 다시 사회생활을 하기 위한 움직임을 시작한다. 아이만 바라보았던 시선을 옮겨 새로운 타인과 관계 맺는 것은 여전히 두렵다. 하지만 자녀에게 '네 꿈을 가져라'고 말만 하는 엄마가 아닌 꿈을 위해 오늘도 공부하고 성장하는 엄마, 자랑스러운 엄마로 기억되기 위해 노력하는 것은 필요하지 않을까.

엄마 다음은 어떤 삶을 살 것인가?

엄마 다음의 삶…. 생각해보면 나는 늘 이 질문을 나에게 던지고 답해 가는 과정으로 육아기를 보낸 것 같다. 나는 대학 학부 전공으로 선택한 컴퓨터정보공학에 맞춰 IT 계열 회사에서 웹서비스 기획자로 10여 년간 누구와 다를 것 없는 회사생활을 했다. 특별히 이 일이 너무 좋아서라고 하는 거창한 사명 따위는 없었다. 그저 다녀야 하는 회사이니까, 돈은 벌어야 하니까, 남들도 그렇게 하는 거니까. 사실 컴퓨터 학부도 나의 선택은 아니었다. 그저 성적에 맞춰 부모님이 컴퓨터 전공하면 어디든 취업은 될 거라고 등 떠밀어 선택하게 된 것이었으니까 말이다.

직장인이 되어서는 누구나 그렇듯 입사 후 3년 차, 7년 차 정도 되니 슬럼프와 매너리즘에 빠지게 되어 힘든 적도 있었고, 사회의 한 일원이 되어 인정받고 성장하는 성취감을 느낀 적도 많았다. 프로젝트를 진행하는 PM급으로 성장하고 난 뒤에는 마감기한 내 오픈해야 하는 프로젝트 일정 속에 동료들과 밤샘 작업을 하며 일에 몰입한 순간들도 많았다. 출판, 문화예술, 엔터테인먼트 분야의 다양한 업종과 소기업, 중기업, 대기업까지 다양한 규모의 기업 조직문화를 겪으며 그럭저럭 남들이 그렇게 살아가듯 나 또한 직장생활을 하던 20대 평범한 회사원 시절이었다.

물론 그때도 '내 업'과 미래 비전에 대한 생각은 늘 염두에 두고 있었다. '과연 난 이 일을 언제까지 할 수 있을까?', '업무 특성상 야근이 잦기도 한데 내가 결혼 후, 아이를 낳아 키우면서도 이 일을 지속할 수 있을까?'란 막연한 생각은 계속되고 있었다. 그렇게 조금 더 나의 역량을 키울 수 있는 이직처를 알아보던 중 현재의 남편을 만나게 됐다. 여느 연인들이 그러하듯 약 2년간의 연애 시절을 가지고 결혼을 했고, 계획한 대로 아이도 갖고 출산을 하게 되었다. 그때 나에게 주어진 육아 휴직 기간은 출산 후 3개월이었다. 나는 육아 휴직이 끝나면 1년 정도는 시터의 도움을 받고, 아이가 조금 큰 후에는 어린이집에 보내고 나는 복직을 할 수 있으리라는 막연한 생각을 했었다. 물론 그런 나의 생각은 첫째를 낳고 서서히 깨졌지만 말이다.

엄마의 행복과 두려움 사이에 있는 것

『처음, 엄마가 된다는 것』의 저자 안드레아 뷰캐넌은 아이라는 한 생명체를 맞이하여 엄마가 느끼게 되는 무조건적인 사랑을 '세상에서 가장 행복한 두려움'이라고 표현했다. 저자가 말한 그 기분이 무엇인지 알 것도 같다. 아직도 기억이 생생한 것은 분만실에서 첫째와 마주한 순간이다. 출산 당일 오전 8시부터 진통이 오기 시작해 남편과 함께 기다렸다는 듯 병원에 가서 진료를 본 후 바로 분만 준비에 들어갔다. 초산이었던 터라 바짝 긴장되는 마음도 있었고, 초음파 사진을 통해 그려보던 아이의 모습을 실제로 볼 생각에 설레는 마음도 컸었다. 다행히 비교적 순조롭게 자궁문이 열렸고 2시간 만에 분만대기실에서 분만실로 옮겨져 막판 힘주기에 돌입했다. 산모의 체구에 비해 골반이 좁은 편이란 주의를 열 달 동안 담당 의사에게 받곤 했었는데, 아니나 다를까. 자궁문도 다 열리고 아이도 거의 내려왔지만 막판 힘주기가 안 되었다.

옛날에는 아이 낳다가 죽기도 했다는데 바로 이렇게 죽는 거였구나 싶은 생각이 절로 들던 순간이었다. 수술실 천장이 노랗게 바뀌어져가는 순간 담당 의사가 수술실에 나타났다. 할렐루야. 간호사가 내 위에 올라타 아이를 내려보내기 위해 힘주어 누르기 시작했고 갈비뼈가 부러질 것 같은 고통을 호소하던 순간 아이가 나왔고, 죽을 것 같던 고통이 순식간에 사라졌다.

엄마라면 누구나 한 번쯤 경험해봤을 아이를 마주하게 되는 환희의 순간. 그토록 기다리던 아이의 첫 울음소리. 엄마 뱃속에서 좁은 산도를 따라 나오느라 힘들었을 우리 아이를 간호사가 내 머리맡으로 데리고 와 보여주었다. 드디어 세상 밖으로 나온 아이와 부모로서 만난 순간이었다. 그 순간만큼은 그냥 세상의 모든 힘겨움은 다 끝나고 아이와 함께하는 미래에 대한 기대와 설렘만 가득했다.

그 당시 난 회사에서 3개월 육아 휴직을 신청한 상태였고, 서울 공덕동 신혼집에서 육아 휴직기 3개월 동안 오롯이 아이와 함께하는 시간을 갖게 되었다. 누군가 그랬던 것 같다. 내 아이가 뱃속에 있을 때가 가장 행복할 때라고. 그 말을 절감했던 나날들이다. 생각지도 못한 모유 수유 전쟁과 아이의 잠투정에 시달려야 했다. 누구는 먹고 자고 먹고 자고만 한다는데, 어찌 우리 아이는 먹이고 눕히면 10분도 안 되어 깨버리는지! 겨우 잠든 아이가 또 일어나면 꿀맛 같은 휴식 시간이 날아갈까 두려워 포대기를 한 채로 소파에 앉아 아이를 재우곤 했었다. 토막 잠에 점점 내 몸과 정신은 지쳐가고 있었고, 꿀 같은 시간이라 기대했던 나의 육아 휴직 3개월은 육아 멘붕만 남긴 채 그렇게 끝나가고 있었다.

돌아갈 회사가 있다는 것이 좋았다. 다행히 주변에 잘 아는 분을 베이비시터로 부탁드려놓기도 했다. 종일 시터에게 들어가는 비용이 만만치 않았지만 아이 첫돌까지만 맡기면 되겠다 싶은 막연한 생각을 하고 있었다. 그저 난 워킹맘으로 회사 일도 육아도 잘해내겠지 싶은 마음이었다. 복직 후 어느 정도 일을 조절했기에 야근은 크게 없이 끝났고 남편도 육아에 협조적인 편이었던지라 그럭저럭 무난하게 워킹맘으로서의 나날을 지냈다. 물론 복직 후 한동안은 아이가 아른거리고 회사 업무도 집중이 잘 안 되고 스마트폰 속 아이 사진을 수없이 들춰보기도 했지만 말이다.

하지만 문제는 그 이후부터였다. 갑자기 '떼 지어 달려가는 들소사냥의 한 마리'가 되고 싶지 않았던 나의 직관적 감각이 성찰을 일으키고 있었던 것이다. 10여 년간의 회사생활을 하며 직장 선배맘들이 하나둘 회사를 떠나갔던 모습들, 그리고 드라마와 영화 속에서 보아왔던 경력단절 이후 다시 사회에 진출하기 위해 고군분투하는 여성들의 모습, 그리고 우리 세대 이전 엄마의 모습들이 자꾸만 겹쳐 보였던 것이다.

10년 후 엄마가 갈 자리는 어디에?

주변을 돌아보았다. 우리 세대 이전의 엄마들은 결혼 후 전업맘의 모습으로 충실히 살아가던 세대였다. 그저 자식을 잘 양육하고 뒷바라지하고 남편 내조에 충실하면 충분했던 삶. 하지만 자녀가 어느 정도 장성 후 더 이상 엄마의 손길은 필요치 않았다. 전투적으로 엄마의 삶을 살아왔던 그녀들은 엄마로서의 사명과 소명을 순식간에 잃어버린 것 마냥 갑자기 허탈한 마음과 공허를 느끼고 있었다.

또 우리 세대 엄마의 모습은 어떠하던가. 엄마들은 아이들이 어릴 때는 어떻게든 꺼이꺼이 어린이집 종일 돌봄과 학원으로 돌봄 공백을 메꿔가며 직장생활을 연명한다. 하지만 아이들이 초등학교에 입학하고 학습이 본격화되면 엄마들은 에너지 소진으로 아이들 학습을 잘 못 살피는 일이 생기기도 한다. 그러다 학교 선생님과 상담이라도 하면서 아이 교우 관계 문제, 학습 태도 문제들을 듣게 되면 그것이 마치 엄마가 곁에 있어주지 못해서 일어나는 건 아닐까, 엄마가 옆에 있어야 하는 건 아닐까 하는 알 수 없는 불안감에 잘 지켜왔던 직장을 퇴사하는 일이 발생한다.

그렇게 양육기가 어느 정도 지나고 엄마가 직접 무릎에 끼고 '책육아'며, 엄마표 영어며 갖은 정성으로 자녀교육을 직접 지도한다. 그러다가 엄마들은 아이들이 중·고등학교에 올라가고 학원 비중이 높아지게 되면 학원비 부담에 돈 벌러 나가보자란 심경으로 재취업을 알아보거나, 생계형 아르바이트, 부업거리를 찾기 시작하는 등 서서히 다시 사회생활을 시작하는 양상을 보인다.

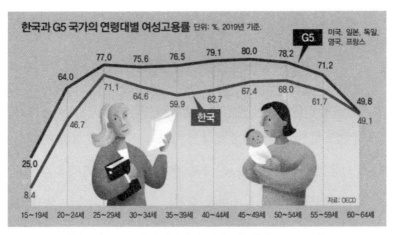

[한국과 G5 국가의 연령대별 여성고용률(자료: OECD)]

　그래서 한국 여성의 경제활동 참가율을 두고 소위 'M커브' 현상으로 비유하여 설명하고 있다. 'M커브' 현상은 20대 후반에 높았던 여성 경제활동 참가율이 결혼, 출산, 자녀 양육기인 약 30대 중후반에 급락한 후 엄마의 직접적 자녀 양육 및 돌봄기가 지난 약 45세 이후로는 다시 반등하는 현상을 말한다. 내가 직면하게 된 문제는 이 지점이었다. 엄마 손이 많이 필요한 자녀 양육기에는 베이비시터, 어린이집 종일 돌봄에 맡기면서 전전긍긍 고군분투하는 워킹맘으로 버티고 버티다가 그녀들은 결국 퇴사를 선택한다. 그리고 막연하게 아이에게 집중하기 위해 퇴사를 선택하게 된 그녀들이 다시 사회로 돌아가야겠다고 마음먹을 즈음은 새로운 경력으로 진입하기엔 늦은 감이 있는 나이가 된다. 그래서 그녀들은 자신감이 떨어지게 되고, 단절된 사회활동으로 인해 직장생활에 대한 감을 너무 많이 잃어버리게 되더란 거다.

그때부터였다. 내가 현재 직업으로 가지고 있는 일, 앞으로의 비전성에 대해 다시금 고민하게 되었던 것이다. 육아기 이후 '엄마 다음의 삶, 나의 커리어'는 어떻게 되는 것일까. 3~5년 후 팀장급 달아봤자 10여 년 후에는? 10여 년 후에도 난 이 일을 지속하고 있을 것인가? 아무리 생각해도 그때의 나의 일에서 미래가 그려지지 않았다. 그렇다면 무엇을 해야 육아기 이후 나의 일을 다시 시작하고 즐겁게 오래도록 할 수 있을까.

과거의 나를 돌아보기 시작했다. 그러다 한참 진로 방황기에 내가 고민했던 '상담과 교육' 영역이 떠올랐다. 상담, 교육, 심리학에 관심이 많고 흥미도 있었지만 다시 새로운 공부를 한다는 것이 엄두가 나지 않았다. 그때 나는 자율성이나 독립성이 턱없이 부족했던 시기였다. 다시 생각해본다. '상담 교육 영역'이 꼭 상담 전공 진학만이 답인가? 상담 영역이지만 진입하기 좀 더 수월한 과정은 없을까? 본격적으로 알아보기 시작했고, '직업상담사' 자격증을 알게 되었다. 직업상담사 자격은 학력, 경력 등의 자격 기준이 크게 없었고, 자격 취득 후에는 인력개발센터 등에 취업할 수 있다는 걸 알게 되었다. 이거다! 그냥 마음이 설레기 시작한다. 내 천직을 찾은 기분이었다. 무언가 내가 하고 싶은 목표가 생기니 퇴사를 생각하고 있었다 해도 막연한 마음이 들지 않았다.

내가 정한 기간은 5년. 둘째 계획까지 있었기에 임신 및 출산 기간까지 고려한 기간이었다. 육아기 우리 아이들과 함께하며 엄마 다음의 삶을 준비하자. 그렇게 나는 육아휴직서와 함께 퇴사를 선택하게 된다.

워킹맘, 전업맘? 나는 반업맘입니다!

유튜브 〈김미경TV〉의 김미경 강사는 "여성들이 아이를 낳고, 아이하고만 하루 종일 있다 보면 생기는 문제는 나를 사랑하는 방법을 잊어간다는 겁니다."라는 말을 했다. 이 말에 얼마나 공감했는지 모른다. 엄마는 아이를 키우면서 모든 것이 아이에게 맞춰진다. 나에 대한 돌봄보다 아이에 대한 돌봄 역할이 커지는 것이다. 어른이라서 돌봄이 필요하지 않은 것이 아니라 적어도 나 자신은 스스로 돌보고 사랑해줄 줄 알아야 할 것이었다.

남편과 충분히 상의하고 결정한 퇴사였지만 막상 돌아갈 직장이 있고 없고는 아예 차원이 다름을 느끼게 되었다. 퇴사 후 오롯이 아이와 함께, 기약 없이 종일 가졌던 시간들은 이전의 육아휴직 3개월 동안 가졌던 시간과는 분명 무언가 다름이 있었다. 그 다음 커리어를 마음에 두고 당당히 그만두긴 했지만, 옹알이하는 아이와 종일 있는 그 시간들 속에 나에게 돌아온 건 꿈과 목표에 대한 준비는커녕, 잠투정과 눕히기만 하면 금세 깨서 우는 아이로 인해 점점 푸석해지고 웃음기 잃어가는 내 표정이었다.

아침에 남편이 출근하고 나서부터 아이와 함께하는 그 시간들이 점점 무섭게 외롭고 힘들어졌다. 잠투정하는 아이를 아기 띠에 매고 동네를 계속 돌고 돌다 잠재우고 나면 바로 이유식 준비에 쉴 틈이 없었다. 그 힘든 와중에서도 옹알이하는 아이와 함께하는 시간은 어찌나 지루하게만 여겨지던지 아기와 콧바람이라도 쐬겠다며 여기저기 아이랑 엄마랑 함께하는 문화센터며 전전해보지만 기저귀 가방에 잔뜩 짐을 챙겨 야심차게 출발했다가도 칭얼대는 아이와 대중교통 속에 시달리다 보면 소위 내 영혼의 탈출을 느끼며 돌아오기 일쑤였다.

첫째 아이를 낳았을 때는 한 아이에게 오롯이 집중할 수 있기에 아이가 잠든 막간의 찰나 순간의 쉼을 그나마 가질 수 있었지만, 아래로 두 살 터울의 둘째를 낳고 난 이후에는 그마저도 쉬는 시간이 허락되지 않아 나 홀로 육아 2교대를 하는 심정이었다. 둘째 또한 만만치 않은 등 센서 자동 시스템에 잠투정이 심했었기에 종일 안으며 달래고, 새벽에는 일어나는 아이가 힘에 부쳐 젖을 아이 입에 아예 물리고 재우는 나날이었다.

지금 누군가 나에게 '아이를 돌볼 것이냐, 나가서 밭일을 할 것이냐?'라고 물어본다면 그때의 나도 현재의 나도 똑같이 밭일을 할 거라고 답할 것 같다. 그만큼 나에게 아이와 함께하는 육아기는 지독한 외로움, 힘겨움 아니 그 어떤 말로 표현할 수 없는 무언가가 있었다. 누군가는 그것을 '육아 우울증'이라고도 했지만 난 나를 그렇게 한정 짓고 싶진 않았다. 그만큼 당당하게 퇴사를 했던 나의 선택이었기에 그 누구에게 하소연하기도 투정부리고 싶지도 않았던 것이다.

돌아보면 엄마의 육아기는 자신에게 많이 집중할 수 있는 시기인 듯하지만 또 한편으로는 자신에게 가장 집중하기 어려운 시기라고 본다. 특히나 엄마의 돌봄이 많이 필요한 먹이고 재우고의 시간이 반복되는 어린 자녀일수록 엄마의 체력과 시간 관리가 되지 않으면 쉴 틈 없이 돌아가는 육아와 살림의 쳇바퀴 속에서 점점 자신을 잃어가게 된다. 육아기 엄마의 마음의 병은 여기서 시작된다. 단순히 아이를 돌보느라 체력적으로 지쳐가는 것만이 아닌 나를 돌보는 것이 '정지'되는 순간과 순간이 이어지면서 그렇게 '나를 사랑하는 방법'을 잊는 것에서 오는 것이었다.

'나'를 찾기 위해 필요했던 것

그런 그 시기 속에서 내가 놓고 있지 않고 나의 길을 찾아나갈 수 있었던 원동력은 무엇이었을까.

월 스미스와 그의 아들이 주연인 영화 〈행복을 찾아서〉는 실화를 바탕으로 만들어진 영화다. 이 영화에서는 주인공 크리스 가드너(월 스미스)의 삶의 애환과 절박함이 잘 그려져 있다. 주인공인 크리스 가드너는 평일에는 증권사 전화기에서 영업을 했고, 주말에는 스캐너를 팔아 생활비를 마련했으며 자투리 시간에는 시험공부를 했다. 주식 중개인 인턴을 반드시 합격해야 한다는 주인공의 '절박함'은 마침내 최종 합격으로 이어지게 된다. 영화 〈행복을 찾아서〉는 아들과 사는 크리스가 '어떻게든 이 현실에서 머무르지 않고 나은 삶을 살겠다'는 주인공의 '절박함'이 묘사된 영화이다. 〈행복을 찾아서〉라는 영화 제목처럼 그 당시의 나도 무언가의 행복 찾아나서기가 필요했던 듯하다. 육아가 행복하지 않다는 것이 아니라, 아이로만 채울 수 없는 것은 분명히 있었던 것이다.

그 시기 속에 내가 놓지 않았던 것이 있다면 그건 바로 내가 다시 시작할 수 있는 일에 대한 생각이었다. 잠이 늘 턱없이 부족했던 밤중 수유 시간 속에서도 내가 나의 일을 그리고 꿈꾸려 노력할 수 있었던 것은 '절박함'이 있었기에 가능하다고 생각한다. 퇴사 전, 직업상담사를 막연하게 떠올리고 생각했지만, 정말 이 일이 나에게 맞는 일인지 이 일로 새로 진입은 어떻게 하면 되는 것인지 새벽에 아이 잠든 시간 틈틈이 스마트폰으로 관련 커뮤니티에 가입하여 게시물을 읽어보고 궁금한 것은 질문으로 남겨 현직에 계신 분들의 조언을 듣기도 했다.

기존에 해왔던 일이 아닌 새로운 일에 도전한다는 것은 두려움을 갖게 하기 마련이다. 내가 애써서 그 새로움을 받아들이고 내 시간의 한편에 두지 않으면 생각 속에 묵혀져버린다. 그렇게 시간만 흘러가는 게 두려웠다. 관성의 법칙과 같이 여기에 내가 안일하게 머무르게 된다면 나의 능동성이 식을 것이 우려되었다. 조금이라도 나의 열망이 살아 있을 때, 사회적 관계 속의 세포가 아직 그 기억을 담고 있을 때 움직임이 필요하다고 생각했다. 퇴사 전 난 분명 결심하지 않았던가? 앞으로 5년 이내 내가 하고 싶은 일을 찾고 그 일을 시작하기 위한 준비를 할 것이며 그 일로 무엇이든 하고 있을 거라고 말이다. 종일 보육과 수면 부족으로 피곤하기만 했던 나날이었지만 그때의 '절박함'이 나의 생각을 '행동'으로 바꾸게 한 것이다. 그때의 나는 '절박함'으로 '나'를 찾고 싶었던 것이다.

현실과 자신만의 타협점이 필요하다

'나를 사랑하는 방법'을 찾아가는 과정은 '나를 지켜내는 생존법'을 찾아가는 과정과 같다. 나를 다시 이해하는 과정이며, 다시 나를 찾아가는 과정이기도 하다. 또한 앞만 보며 달려왔던 내 삶에서 기어이 다시 나를 돌아보아야 하는 일이기에 쉽지 않은 과정이다. 페미니즘 사상에 치우친 영화라는 갖은 논란에도 불구하고 흥행하고 이슈화되었던 영화 〈82년생, 김지영〉에서 자신의 병(빙의)을 알게 된 김지영이 용기 내 정신의학과를 찾아가 상담을 받기 시작하는 장면이 나온다.

김지영 : 어떨 땐…. 행복하기도 해요. 그런데 또 어떨 땐 넘을 수 없는 벽에 부딪히게 되고, 돌아서면 또 그 벽을 마주하게 돼요. 처음부터 출구는 없었던 게 아닐까…. 그렇게 생각하면 너무 화가 나요. 그 누군가는 출구를 찾아가는데, 저만 그 출구를 못 찾았어요. 낙오자가 된 것 같은 느낌이에요.

의사 : 지영 씨 잘못 아니에요…. 과거에 화가 나거나 답답할 때 어떻게 하셨어요…?

과거 국문학 전공에 홍보팀에서 근무했었던 김지영은 자신이 하고 싶고 잘했던 글을 쓰기 시작하고 잡지에 칼럼을 기고하는 프리랜서 작가로 다시 일어서게 된다. 현실과 자신이 하고 싶은 이상적인 일에서의 타협점을 그녀가 찾아낸 것이다. 남편의 육아휴직으로 직장도 다시 나가보았고, 식당일 운영하던 친정엄마가 우리 딸 하고픈 거 하라며 아이를 봐주

신다고 했지만, 김지영의 선택은 현실과 자신이 하고 싶은 이상적인 일에서의 접점을 찾아내었다. 현재의 삶 안에서 자신만의 방법, 자신을 사랑하는 방법, 자신의 생존법을 찾아낸 것이다.

난 엄마의 일이란 결국 현실과 자신만의 타협점을 찾아내는 일이라고 생각한다. 결혼해보고 아이를 낳아 키워보니 깨닫게 된 것이 있다. 여자에게 있어 일과 삶은 결혼 전후가 아니라, 아이를 낳기 전과 후로 나뉜다고 말이다. 결혼도 여자의 삶에서 큰 이벤트이긴 하지만, '일'을 이어가는 것에는 큰 변수로 작용하지 않는다. 하지만 임신과 육아는 다른 문제다. 엄마는 아이를 양육해가는 시점에서부터 삶에서의 순간순간 선택의 추가 아이가 기준이 된다. 예전에는 먼 거리, 야근도 불사하고 출근했던 직장이, 아이 양육기에는 가장 피하고 걸러야 할 직장이 되어버린다.

나의 선택 또한 다르지 않았다. 막상 계획했던 자격증 취득 후 일자리를 알아보았지만 전일 근무 일자리밖에 찾을 수 없었고, 그 당시 둘째가막 돌을 넘길 때였던지라 종일 보육으로 맡겨가면서까지 일자리를 잡고싶진 않았다. 물론 이건 남편과 충분히 서로의 생각을 주고받으며 내린생각이었다. 그러던 차 그 당시 국비지원으로 듣던 직업상담사 양성 과정 수업지도 강사님이 재택으로 근무가 가능한 취업상담사 일자리 정보를 나에게 알려주셨다. 때마침 채용 기간이라 지푸라기라도 잡는 심정으로 지원하였고 2차 면접에 최종 합격하여 재택근무를 시작할 수 있었다.

나의 현실과 내가 하고 싶은 일에서의 타협점의 첫 스타트이자 '반업맘'으로서의 커리어가 시작되었던 것이다.

엄마로만 살고 싶지 않았지만, 엄마로서도 살고 싶었다. 아이를 케어하며 할 수 있는 일이란 결국 나의 자율성을 토대로 독립적이고 탄력적인 일의 시스템이 가능해야 할 수 있었다. 엄마의 무한한 힘이란! 내 인생에 있어 독립적으로 자율성을 가지지 않던 내가, 엄마이기에 현재 내가 할 수 있는 일들에 대한 가능성을 타진해보기 시작했던 것이다. 그리고 도전하기 시작했던 것이다. 그러면서도 가급적이면 내가 좋아하는 일이면서 앞으로도 비전이 있는 일, 나의 성장을 이끌어낼 수 있는 일을 원했다. 그러자 처음에는 그리지 못했던 나의 로드맵들이 그려졌다. 처음의 시작은 직업상담사로 인력개발센터 취업을 희망했었지만, 매일같이 검색하고 찾아보니 커리어 분야로 확장해서 할 수 있는 일들이 의외로 많음을 알게 되었다. 진로 강사, 대학교 취업 지원관, 취업 컨설턴트, 전직 지원 컨설턴트, 커리어 코치 등. 내가 안 알아보았던 것뿐이지 지속적으로 고민하고 타협점을 그리고 찾아보니 그 안에서 신기하게도 보이기 시작한 것이다. 그렇게 시작한 프리랜서이자 반업맘으로서의 시작한 나의 커리어는 현재 커리어 코치로서 강사, 코치, 작가로 활약할 수 있기까지의 기반점이 되어주었다.

이 글을 보고 있는 엄마들은 현재 어떠한 '절실함'을 가지고 오늘을 살아가고 있는지 한번 생각해보면 좋겠다. 무엇을 위해 오늘 하루 그렇게 정신없이 피곤하게 살고 있는 것인지, 그 하루 속에 엄마인 '나' 자신은 들어가 있는지, '나' 자신을 하루 안에 돌보고 있는 시간은 있는 것인지 말이다. 엄마인 '나'를 찾고 싶다고 하면서도 막상 하루 안에는 엄마의 미래를 만들어가는 시간은 뒷전이기 일쑤다. '절실함'이 있다면 절실함은 Why를 찾게 하고, 행동으로 이어진다. 엄마인 그대들은 과연 지금 '절실함'으로 오늘을 살고 있는가?

지금 엄마에게 필요한 '과정'의 시간

희영 씨(44세)는 2021년 커리어 코칭으로 만난 분이다. 9살 딸을 둔 희영 씨는 5년 전 육아를 위해 그 당시 자동차부품회사 국내 및 해외 영업 관리직으로 12년 정도 다니던 직장을 그만두었다. 육아를 위해 잠시 일을 쉬고 선택한 퇴사였지만, 딸과 함께하는 즐거운 육아의 시간 속에서도 직장 복귀로의 고민을 계속하게 된다. 영업관리의 직무적 특성상 업무의 강도도 야근도 잦았던지라 이전 경력으로 다시 재취업할 엄두도 내지 못했던 희영 씨는 그 당시 관심 있게 눈여겨보았던 '소잉 디자이너' 자격 과정에 도전하게 된다.

학창 시절부터 소품 제작과 같은 창의적 표현 작품을 만들기를 좋아했던 희영 씨는 취미로 시작한 재봉틀과 자수로 만들어낸 작품으로 판매 시도도 해보면서 현재의 이 일이 직업이 될 수도 있겠다는 가능성을 발견하게 된다. 자신감이 생긴 희영 씨는 몇 번의 작은 소규모 클래스 운영의 경험을 쌓아보더니 몇 개월 후에는 자신만의 작은 '소잉 공방'을 창업하게 된다. 결혼 전 직장에 다니면서는 생각해보지도 못했던 공방 창업이었으며 새로운 경력이었다. 희영 씨에게는 육아기가 자신의 새로운 커리어 전환점이 되었던 것이다.

『린 인』의 저자 셰릴 샌드버그는 "한 조직에 들어가 하나의 사다리만 오르면 되던 시대는 막을 내렸다. 그래서 경력 또는 커리어를 비유하는 표현으로 이제 사다리보다는 '정글짐'을 주로 쓰곤 한다."라고 했다.

'정글짐'에 올라가 보았는가? 초등학교 운동장 한편에 늘 자리 잡고 있던 정글짐에서 아이들은 '누가 제일 먼저 맨 꼭대기까지 올라가나' 경주를 하기도 한다. 정글짐은 사다리와 달리 위로 올라가려면 때론 옆으로 빠지거나 돌아가야 하고 가끔은 막다른 길도 만나며 각자가 자기만의 경로를 탐색해야 목표에 이를 수 있다. 그 과정에서 도전하고 실패하고 단련하며 각자의 능력치를 키우게 되는 것이다.

정글짐, 아니 경력의 한복판에서 만난 이 우연한 순간들이 일이 갖는 가치를 바꾸기도 하고 내가 처음으로 발견한 경로가 누군가에게는 훗날 도전해볼 만한 좋은 길이 되기도 한다. 바로 희영 씨의 사례와 같이 말이다. 경력을 사다리로 인식하던 시대에는 '일하는 여성 또는 엄마'가 선택할 수 있는 옵션은 경력의 사다리를 더 올라가거나, 그만 내려오거나 둘 중 하나였다. 그 옵션에서 '경력단절'이라는 불편한 단어가 생겨나기도 했다. 하지만 정글짐에서는 옆으로 갔다가, 또 잠시 내려왔다가 다른 길로 우회해서 올라가기도 하는 다양한 선택의 조합을 만들 수 있다.

엄마의 커리어는 전형적인 '정글짐'의 경력 모형을 하고 있다. 결혼과 육아로 인해 일을 잠시 쉰다는 것은 정글짐의 길목에서 다른 길로 우회해서 올라가기 위해 잠시 다른 경로를 탐색하고 있는 것이다. 우리의 경력은 정글짐 안에서 무수히 많은 경로의 옵션을 만나고 선택을 하게 된다. 이전에는 선택한 대학 전공과 관련된 분야로 취업하고 평생 일해야만 하는 구조로 생각했기에 자신이 선택할 수 있는 커리어는 제한적일 수밖에 없었다. 하지만 자신이 선택한 직장과 직무에서 '천직이야.'라고 생각하며 성실히 직장생활 하는 이들이 과연 얼마나 될까?

또한 과연 정글짐의 다양한 경로의 옵션 안에 나를 두고 있기는 한 걸까? 나는 내가 맞닥뜨리게 될 새로운 경로 선택이 두려워 애써 옆도 뒤도 돌아보지 않고 불안한 마음으로 계속 사다리를 올라가고만 있는 건 아닐까? 직장맘이든 전업맘이든 현재 마음이 요동치고 있다면 그것은 어쩌면 내가 현재 올라가고 있는 이 길에서의 확신이 없거나 또 다른 옵션 경로 선택의 불안함이 공존하고 있는지도 모른다.

하지만 같은 상황이라도 다른 이면으로 전환해보면 이 기간은 '나'에 대해서 다시 한번 치열하게 고민하고 다양한 가능성에 대한 탐색이 가능한 시기이기도 하다. 예전 한참 학창 시절 진로를 고민했던 그 고민의 지점처럼 말이다.

퇴사 후 전력 질주의 육아기를 어느 정도 지나고 보니, 이렇게 치열하게 나에 대해서 탐색하고 또 다른 나의 재능을 찾아 경험해보는 시간을 가질 수 있을까 하는 생각이 들었다. 회사를 다닐 때에는 떨어지는 업무를 쳐내느라 바빠서, 혹은 매월 들어오는 고정급여의 생활에 어느 정도 익숙해져 그냥저냥 살 만하니까, 혹은 바쁘고 슬럼프라는 핑계로 나를 돌아보지 못하고 시간을 흘려보낼 수 있다.

나 또한 두 살 터울의 아이 둘을 키우며 육아기의 힘겨운 시기가 있었다. 하지만 자칫 흘려보낼 수 있는 엄마의 육아기에 나의 가능성들을 탐색해보고 경험해보는 시간을 점차 가지게 되면서부터 이 시기가 너무나도 소중하고 감사하다는 생각을 갖게 되었다.

그렇기에 '경력단절여성'이라는 타이틀로 나를 가둬두고 있는 많은 엄마들이 현재 나는 정글짐의 한 길목에서 또다른 경력을 탐색하고 준비하기 위한 '경력 전환기' 혹은 육아기는 '내 인생의 터닝포인트'에 서 있다는 생각을 가졌으면 한다. 힘들고 고된 육아기가 아니라 내 아이와 함께하는 시간 속에서 '나의 가능성을 탐색해보는 커리어 전환기'라는 인식으로 바꿔보는 것은 어떨까.

엄마에게 있는 과정의 시간

"저는 원래 ○○이 하고 싶은데… 나이가 너무 늦은 것 같아서요…."

"도전해보고 싶기는 한데, 시간과 돈도 들고… 막상 그 일이 수입이 크게 되는 일도 아니고…."

천직을 위한 자신의 진로를 고민하는 사람이라면 누구나 한 번쯤 '좋아하는 일을 해야 하나, 잘하는 일을 해야 하나.'라는 고민에 맞닥뜨리게 된다. 커리어 이론에서는 보통 나에게 가장 걸맞는 '천직'을 찾아가는 과정에서 좋아하는 일과 잘하는 일의 접점을 찾아내는 것의 중요성을 많이 언급하고 있다.

하지만 실제 코칭 현장에서 이 접점을 찾아내는 과정이 쉽지 않음을 알게 되었다. 좋아하는 일을 찾기도 어려운데, 그 안에서 잘하는 일과의 교집합을 찾으라니?! 또한 대개는 '잘하는 일'을 잘 알지 못한다. 왜냐하면 잘하는 일은 일련의 경험을 통해서만 알 수 있는 과정이기 때문이다. 실제로 원래 자신의 성격이 내향적인 편이라 판매나 홍보 직무는 못 할 거라 생각했는데 막상 실제 업무를 하면서 자신이 생각보다 이 직무를 잘한다는 사실을 깨닫게 되었다는 경우도 있다. 잘하는 일을 파악하기 위해서는 다양한 경험을 해보는 수밖에 없는 것이다.

세상의 일은 '네 가지 기준'으로 정의되어 분류될 수 있다.

1. 좋아하는데, 잘하는 일
2. 좋아하는데, 잘 못하는 일
3. 싫어하는데, 잘하는 일
4. 싫어하는데, 잘 못하는 일

지금 위 분류를 보고 자신의 위치가 어디쯤에 속해 있는지를 파악해 보자. 혹은 지금 이직하거나 새로운 직장을 구하고 있는 이들도 몇 번에 속해 있는지를 보자. 한눈에 보아도 4번 '싫어하는데, 못하는 일'은 대부분 하고 있지 않지만 어쩌다 보니 그런 일을 하고 있다면 지금이라도 빠져 나오는 게 좋다.

대개의 경우 3번에 걸쳐 있으면서 1, 2번을 고민하는 경우가 많다. 보기에는 1번이 가장 최선의 선택이고 '천직'으로 보이지만 알다시피 1번의 경우를 처음부터 찾아서 하는 경우는 매우 드물다. 1번이 바로 우리가 그렇게 찾기 위해 애쓰는 '좋아하는 일이면서 잘하는 일'인 것인데, 이 1번으로 가기 위해서 우리가 보통 놓치고 있는 것이 바로 '과정의 시간'이다.

『과정의 발견』의 조연심 작가는 "당신에게 없는 단 한 가지는 바로 '과정'이다."라며 이러한 과정의 시간의 중요성을 잘 시사했다. 조연심 작가는 이 책에서, 좋아하는 일을 찾아 전문가가 되기까지인 과정의 발견 총 7년의 단계를 정의하고 자세히 실어놓았다. 내가 좋아하는 것을 찾아내는 진로 탐색기인 네비게이팅의 시간 약 1년의 시간, 훈련으로 전문가로 도약하고 이 분야의 전문가임을 증명해내는 과정의 탐색기인 커넥팅기 약 3년, 이후 꾸준하게 지루한 반복을 견뎌서 그 분야의 고수가 될 때까지 '자동 반복'하는 루핑기 3년까지 총 7년의 과정이다.

생각해보면, 대부분이 사람들이 현재 하는 일에 만족하지 못하는 3번에 걸쳐 있으면서도 1, 2번으로 가기 위한 절실한 노력을 하고 있지 않는 이들이 많다. 직장 내 스트레스는 적당히 한잔 술과 여행으로 풀어버리기도 하고, 전업맘의 경우 '지금 다시 공부하고 시작한다 해서 얼마나 더 돈 벌고 일할 수 있겠어.'라는 자신에 한계를 그어버리고 시도조차 하지 않는 경우가 많다.

하지만 우리의 평균수명이 얼마나 길어졌는가. 한 직장을 퇴직한 이후에도 새로운 제2의 자신의 업을 찾아가는 시대이다. 실제로 현업에서 근무하고 있는 직장인 4~50대 남편들도 이제는 은퇴 전 6~7년 전부터 은퇴 후의 삶을 고민하고 준비한다. 은퇴 후의 최저생활비인 부동산, 연금 등의 수익 파이프도 중요하지만 평생 나를 계발하고 나의 가치를 실현시킬 수 있는 '업'은 나이 들어서도 분명 필요하다. 행복은 단순히 '돈'만으로는 채워지지 않기 때문이다.

나는 이 책 '엄마의 두 번째 명함'에서 단순히 지금 바로 재취업을 하기 위한 취업처와 직업을 말하고자 한 것은 아니었다. 퇴사를 고민 중인 워킹맘에게나, 육아기의 엄마라면 이 7년의 시간은 결코 긴 시간은 아니다. 생각해보면 아이를 낳고 이 끝날 것 같지 않은 끝없는 육아의 시간이 지나 지금은 아이가 훌쩍 자라 초등학교에 입학하고 졸업을 한다. 충분히 내가 좋아하는 것을 찾아 열정을 더하는 '뻘짓', '별짓'의 차고 넘치는 시간이 있다.

퇴사를 고민하는 워킹맘이거나 전업맘이라면 현재에서 자신이 좋아하는 일을 발견하고 그것을 전문가 수준으로 계발해나가는 시기를 가져야 한다. 만약 지금 생계를 위해 취업을 해야 하는 전업엄마라면 우선은 본인이 보유한 숙련된 전문 기술이나 잘하는 직무에서 취업 후, 위의 1, 2번의 과정으로 가기 위한 시간을 가져야 한다.

엄마의 두 번째 업을 찾아가는 과정에는 이러한 '과정의 발견'의 시간이 분명 필요하다. 좋아하는 일이 직업이 되면 싫어진다는 얘기가 있다. 하지만 잘 생각해보자. 좋아하는 일을 한다고 해서 매 순간이 행복할까? '덜' 힘들 뿐이다. 좋아하는 일을 할 때는 힘든 상황을 버틸 힘이 조금은 생긴다. 좋아하는 일이라는 것 자체가 매우 재미있고 행복한 일이라는 생각을 조금은 내려놓는 것이 필요하다. '좋아하는 일'을 선택했을 때 필요한 건 불안감을 다스리는 일이다. 7년여 과정의 시간 동안 성과가 빨리 나타나지 않았을 때 생기는 초조함, 주변 사람들이 바라고 기대하는 인정의 시선들에서 벗어나는 용기도 필요할 것이다.

엄마, 이제 '나다운 삶'과 행복을 위해서

종종 나는 우리 아이들에게 있어 현재 엄마란 어떤 모습일까를 생각해 본다. 또한 나는 우리 아이들에게 어떤 엄마의 모습으로 기억되고 싶은 것일까도 생각해본다. 난 우리 아이들에게 '공부하라'고 말만 하는 엄마 가 아닌, 공부하는 엄마의 모습을 보여주고 그 모습이 롤모델이 되어 아 이들 스스로 책 보고 공부할 수 있었으면 한다. 분명 부모의 평소 모습은 그 모습을 보고 자란 자녀에게 지대한 영향을 끼치는 것임이 분명하기 때문이다.

학생 때의 공부와 '엄마'가 되고 난 이후의 공부는 확연한 차이가 있다.

학생 때는 그냥 해야 하는 것, 일단 대학은 가야 한다고 하니까 일단 시험은 패스하고 보자는 식이 많다. 하지만 엄마의 공부는 좀 더 내적인 동기가 많고 학생 때보다는 좀 더 능동적이다. 누가 하라고 하는 것이 아니다. 또한 자격증 공부든 학업을 다시 시작하는 일이든 일부의 비용과 시간을 자신에게 투자하는 일에는 그만한 절실함이 수반된다.

일 또한 그렇다. 엄마가 된 이후의 일은 많은 갈등이 비일비재하게 일어난다. 아침부터 아이들 등교 준비와 출근 준비에 한바탕 정신없는 아침을 맞이하고 출근을 하고 퇴근한다. 자녀가 어릴수록 엄마는 그날들에서 수없이 많은 갈등과 싸우게 된다. 아이가 아플 때나, 아이가 혼자 집에 있는 시간이 많거나, 학업에 문제가 생기거나 할 때 등 그 변수의 가짓수는 매일매일 엄마에게 많은 갈등을 심어준다. 보람을 느끼기도 하고 아이에게 미안한 마음을 느끼기도 한다. 그 많은 갈등 안에는 늘 아이가 있다.

많은 감정과 갈등이 오고가지만 공부와 일은 엄마에게 확실히 삶의 활력을 불어넣어준다. 둘째 아이가 돌을 좀 넘기 시작할 때부터 오전 3시간 어린이집에 등원시키기 시작했다. 등원시키고 나면 나는 바로 도서관으로 가서 필요한 자격증 공부나 책을 보았다. 취업상담사로 재택근무를 시작하기 시작했을 즈음부터는, 조금씩 내가 해낼 수 있는 직무 스펙과 포지션을 확장하기 위해 NCS 취업 컨설턴트, 코치 양성 과정 등에 필요한 여러 교육 과정을 이수하여 고등학교, 대학교, 여성인력개발센터와 같은 공공기관 등에 프리랜서 형태로 출강을 나가기 시작했다. 아이를 케어하며 일도 같이 병행할 수 있는 최적의 근무 형태였다.

학업을 다시 시작했다. 막연하게 생각만 하고 있던 나의 로드맵 중 하나의 이정표였던 석사 과정에 도전한 것이다. 많은 금액은 아니지만 재택근무와 출강으로 틈틈이 새로운 학업을 위해 모아둔 등록금으로 대학원 진학에 도전하게 된 것이다. 현업에 만족하는 것이 아닌 커리어 개발과 코칭 공부와 전문성을 키우고 싶었다. 또한 공공기관과 학교 출강을 나가기 시작하다 보니 전문 분야의 이력이 좀 더 필요함을 느끼기도 하던 참이었다. 다시 내가 학교를 가서 공부를 시작하다니! 그때 내가 알게 된 것이 하나 있다면 나는 머무르는 것이 아닌 새로움을 공부하고 지식과 경험을 해내는 과정을 즐기는구나를 깨닫게 되었다는 것이다. 육아하는 단조로운 삶에 머물러 있었다면 내 안의 생각과 시간에 자칫 머물러 있었을 터, 배움의 과정을 즐기는 강점이 있었기에 꾸준한 성장을 해올 수 있었던 것이다.

한창 내가 관심 있는 분야의 사람들과의 새로운 관계 형성과 일에 대한 재미로 내 삶의 활력이 일어남을 느낄 수 있었다. 또한 퇴사 이후 처음으로 나의 노동력에 대한 대가로 조금씩 돈이 입금되기 시작하면서부터는 무언가 알 수 없는 당당함 같은 것 또한 덤으로 생기기 시작했다. 결혼 이후 갖게 된 여러 역할들 안에서 하루 중 나를 위해 시간을 만든다는 것, 오로지 '나'에게 집중할 수 있다는 것, 그리고 이 시간들이 모이고 모여 나만의 커리어가 형성이 되고, 많고 적음에 상관없이 경제력이 생기면서 하나의 '자신감'이 만들어짐을 알 수 있었다.

　엄마도 공부할 시간이 필요하다. 엄마도 자신에게 집중할 시간이 필요하다. 자신에게 집중하고 자기 성장에 투자하는 엄마가 자녀교육을 가장 잘하는 엄마라고 했다. 아이들은 언젠가는 자기 성장 속도대로 자란다. 아이의 성장 속도만큼 엄마도 자신에게 집중할 시간과 성장에 투자가 필요하다. 자녀에게 공부하라고 잔소리만 하는 것이 아니라 공부하는 엄마의 모습을 직접 보여주고 성장하여 자녀에게 그 삶의 본보기를 보여주는 것, 그것이 자녀와 엄마가 함께 성장하는 아름다운 모습이 아닐까.

엄마, '나다운 삶' 안에서 행복할 수 있다

　엄마, 그대는 지금 충만히 행복한 삶을 살고 있는가? 세상 가장 귀하고 아름다운 시간, 내 아이를 바라보고 돌보는 시간은 분명 값진 시간이다. 그러나 사람은 다 다르다. 분명 엄마인 그대들 중 누군가는 말로 설명할 수 없는 충만함을 느끼지 못하고 있을 수도 있다. 그것은 단지 아이를 돌보는 시간 안에서 몸과 정신적으로 힘든 것과는 다른 '무언가'이다. 그 '무언가'로 인해 몸과 마음이 지치는 기분이 든다면, 어쩌면 그것은 '자기답지' 않은 방법으로 오늘 이 시간을 보내고 있기 때문인지도 모른다.

누구나 자기소개를 해달라고 하면 머뭇거리게 된다. '나를 어떻게 설명해야 하지?' 엄마인 경우는 특히나 더욱 그러하다. 아이를 돌보는 시간 안에서 자신을 설명할 수 있는 것들은 어느새 사라져버린 기분이다. 아이를 바라보는 시간은 분명 충만한데 엄마인 나를 설명할 수 있는 것들은 소멸되어가는 것만 같다.

'나를 안다는 것'은 뭘까? 성적처럼 정량적인 수치로 나를 알 수 있다면 좋으련만 단순히 검사 도구 하나만으로는 온전히 나다움을 발견하기 어렵다. 나 역시 나를 알아가는 과정으로 많은 심리 검사도 받아보고 주변 사람들의 이야기도 들어보았다. 그런 결과들을 보면 '현재의 나'는 '알고 있던 나'와는 분명 다름을 느끼게 된다.

나는 남 앞에서 나를 드러내는 것을 좋아하지 않는 사람이다. 학창 시절 반에서도 어떤 모임에서도 늘 뒷자리, 가장자리에 앉는 나이다. 주도적이기보다 수동적인 자세로 그렇게 하면 되는 삶에 적당히 맞추는 사람이다. 리더가 되기보다 리더를 빛나게 하기 위해 애쓰는 사람이었다. 그런 내가 어떨 땐 또 다른 모습을 보인다. 일상의 엄마들 모임에선 힘없이 자리만 차지하고 있는 내가 강의장이나 코칭 현장에선 열정을 토한다. 내 의견은 늘 묵묵히 접어두던 내가 컨설팅 현장에선 내 생각을 분명하게 표현한다. 많은 사람들을 만나는 것을 좋아하지 않던 내가 내 관심 분야의 사람들과 만나고 배움의 자리는 어떻게든 시간을 빼서라도 만난다.

낯설지만 분명 그 시간을 즐기고 있는 나를 발견하게 된다. '불편한 시간'들은 어느새 나에게 '즐거운 시간'으로 바뀌어져갔다. 오늘은 무슨 반찬을 할까와 같은 엄마의 매일 반복된 고민이 아닌, 새로운 고민을 만나는 접점을 즐겨가기 시작했다. 나를 규정 짓거나 한계를 두지 않고 내가 원하는 것에 이끌려온 지난 시간 속에서 '내가 몰랐던 나'를 발견하게 되거나, '새로운 나'를 알아가는 소소한 즐거움이 있었던 것이다. 엄마로서의 삶 안에서만 있었다면 몰랐을 '과정의 시간'이다.

'자신만의 일'은 새로운 나를 알아가는 과정이자 가장 '나다운 일'이다. 나다운 일은 내가 열정이 있고 뿌듯한 만족이 느껴지는 일이다. 아무리 몸이 고되고 힘들어도 나에겐 의미가 있는 일인 것이다. 과정 자체를 즐기는 모습은 있는 그대로 빛이 난다.

오늘 하루 엄마 자신의 새로움을 알아가는 시간이 있었는지 한번 돌아보자. 소소한 일상의 행복은 '새로움을 발견해가는 즐거움'에서 생겨난다. 다른 이들과 비슷한 삶이 아니라 이제부터라도 엄마의 '자기다운' 삶을 고민해야 한다. 그것은 직장을 찾고 이직에 대한 고민을 넘어서는 것이다. 현재 자신의 삶에서 무엇이 중요한지, 자신이 무엇을 원하는지, 무엇에서 행복할 수 있는지, 어떤 일을 할 때 내 가치를 실현시킬 수 있을지 치열하게 고민하고 답해가는 과정이자, 자신만의 '삶의 철학'이다.

삶에서 정답은 없다. '선택'만이 있을 뿐이다. 적어도 내가 왜 이 '선택지'를 선택했는지 설명할 수 있어야 할 것이다. 나는 일의 노예가 아닌 내 일의 주인이 되고 싶었다. 그 일을 선택하는 기준이 '돈'보다는 '즐거움이자 신뢰'였으면 했고, 나를 채우는 일이었으면 했다. 또한 오래도록 할 수 있는 일이길 바랐다. 성공만을 위함이 아닌 가족과의 일상 안에서 함께 즐길 수 있는 일이길 바랐다. 내가 그러한 삶을 꿈꾸고 좇으니 그러한 삶이 조금씩 실현되기 시작했다. 나다운 삶을 조금씩 찾아가니 감사의 마음을 가지게 되었고, 일상 안에서 감사의 마음이 생기자 어느덧 행복이 드문드문 피어오르기 시작했다. 내 인생에서 남이 알아주지 않더라도 내가 좋아하는 삶, 내가 책임지는 삶, 나다운 삶…. 엄마의 나다운 삶을 찾아가는 과정은 엄마의 행복을 찾아가는 길임은 분명하다.

Chapter 2

워킹맘의
실패 없는 퇴사 라이프

지금 퇴사를 고민하고 있는 단계라면

미영 씨(43세)는 당시 한국코치협회 코치 자격을 준비하기 위해 필요한 코칭 실습으로 만나게 된 분이다. 그 당시 6살 정도의 외동딸을 둔 미영 씨는 IT컨설팅 업체의 중간 관리자급인 팀장이었다. 미영 씨가 코칭을 신청하게 된 계기는 바로 당시 근무하고 있던 직장 퇴사에 대한 것이었다. 그 당시 미영 씨는 직장 내에서의 직무는 경력이 꽤 되었기에 일도 익었으며, 회사에서도 어느 정도 인정받고 잘 다니고 있다고 했다. 다만 문제는 어린이집 종일 돌봄으로 있는 딸아이를 엄마가 직접 케어하고 싶다는 점과 현재의 직무는 앞으로도 계속하고 싶지 않다는 문제점을 얘기했다. 새롭게 시작하고 싶은 일을 생각해보신 게 있는지 물어보니 아이와 놀이 학습을 해주다 흥미를 가지게 된 가베지도 교육지도사로 한번 생각해보고 있다고 하셨다.

현재는 개인의 성장과 커리어 연결을 돕는 커리어 코치로 일하고 있는 나도 한때 비슷한 고민을 한 경험이 있었기에 쉽게 공감할 수 있는 워킹맘의 퇴사 고민이다. 그 당시 회사에서는 업무 태도에 대한 성실성과 성과 면에서 인정도 어느 정도 받았지만, 일 자체에 대한 열정만으로는 다녀보진 못했던 것 같다. 좋아서 한 일이라기보다 하다 보니 업무를 익히고 익숙해져 지속해 나갔던 것이다. 오래전부터 이러한 나의 축적된 생각들이 첫째 아이 양육과 맞물리게 되면서 퇴사를 결정하게 했던 것이다.

커리어 코칭을 진행하다 보면 현재 직장에 다니고 있는데 육아로 혹은 직무 및 직업 경력 전환을 위해 퇴사를 고민하고 있는 나와 미영 씨와 같은 사례를 꽤 접하게 된다. 가정마다 상황이 다르기 때문에 퇴사가 '맞다', '아니다'의 정답은 없다.

단, 만약 육아 문제로 인한 퇴사를 고민하고 있는 엄마라면 다음의 고려사항에 대한 답을 해보며 방향성을 찾아보는 것은 필요하다.

첫째, 현재 직업에 대한 만족도와 이후의 비전까지 고려해본다. 몇 년 정도 일을 쉬고 다시 재취업할 수 있는 업종과 직무인지, 혹은 이 일이 10년 후에도 지속할 수 있는 비전이 보이는 일인지 등 여러 가지 개인 성향과 상황에 맞춰서 고려를 해보는 것이 필요하다.

둘째, 직업에 대한 미래 불확실함과 만족도가 떨어진다면 현재 상황에서 엄마 자신의 '행복' 가치 기준으로 선택의 방향을 정해본다. 즉, 엄마인 당신이 현재 '일'보다는 '육아'의 파이가 더 클 때 행복하다면 잠시 직장을 쉬고 자녀의 곁에 충분히 있어주는 것도 한 방법이 될 수 있다. 그런데 만약 엄마 자신의 행복 가치 기준이 그래도 종일 아이를 보기보다는 '일'을 잡고 있는 것이 마음이 편하다고 한다면 '일'을 놓지 않는 것이 낫다. 사람마다 행복 가치 기준은 다르기 때문이다.

셋째, 나에게 직장이란 어떤 의미가 있는지 고려해본다. 나의 첫 직장 생활은 대학을 졸업한 24살 때부터였다. 당시만 해도 대학을 졸업했으면 직장에 다녀야 하는 것이 당연하다고 생각했다. 직장이라고 하는 거대한 조직 안에 소속이 되어야 하는 것이 당연했고 안전지대였다. 물론 첫 시작은 직장의 거대한 틀 안에서 사회 경험을 해보는 것은 필요하다. 다양한 기업과 조직 내의 업무, 그리고 사회적 관계를 통해 인생의 가장 가치 있는 경험들을 하게 되니까 말이다. 하지만 엄마가 된 이후의 지금 자신에게 물어보자. '지금의 직장은 나에게 무엇일까', '이 직장은 나에게 절실

한가?', '이 직장을 벗어나서도 나는 내 재능을 발휘할 수 있을까?'

넷째, 엄마에게 필요한 경제력 자립 시기를 가늠하여 고려해본다. 가정마다 상황은 조금씩 다르지만 보통은 내 집 마련을 위한 비용과 자녀교육비에 들어가는 비용이 가장 크다. 또한 자녀에게 들이는 비용은 어린 자녀의 돌봄 시기보다 본격적으로 학업에 들어가는 초·중·고등학교 때이다. 이 시기를 살펴보며 최소한의 가계 경제적 상황에서 퇴사해도 되는 시점인지, 다시 일을 시작하게 된다면 그 지점이 언제가 되어야 할지도 가늠해본다. 나의 경우 자녀 돌봄기에는 자녀교육비가 크게 발생하지 않기 때문에 나의 새로운 커리어 경력을 준비하는 시기로 잡았고 이후 본격적인 경제적 자립이 될 수 있도록 계획을 세웠었다.

마지막으로 '퇴사라는 의사결정으로 내가 버려야 하는 것들은 무엇인지?' 답해본다. 나의 경우는 사회적 소속감과 지위였다. 인간은 사회적 동물이라 조직이나 집단 속에 소속되어 있으면서 느끼는 소속감과 사회적 지위가 정서적으로 안정감과 만족감을 준다. 하지만 퇴사를 하게 되면 이런 조직원으로의 소속감과 지위는 사라지게 된다.

사실 결혼해서 아이를 낳고 엄마가 되지 않았더라면 그런대로 직장 내 커리어를 이어갔을지도 모른다. 하지만 내 아이 육아를 위한 고민을 시작하게 되면서 엄마는 자신이 퇴사 해야만 하는 이유를 찾기 시작한다. 어쨌거나 직장맘의 여러 갈래 퇴사 고민 안에는 늘 내 아이가 있기 때문이다. 만약 이러한 고민을 하고 있는 단계라면 지금 이 시점이 나의 커리어를 환기시키고 중대한 변화를 도모하게 되는 좋은 징조이자 단계라고 생각해보자.

육아 전업맘의 경력 단절기가 '경력 전환기' 혹은 '내 인생의 터닝포인트 지점'이었듯이, 직장맘의 이러한 퇴사 준비기도 '내 인생의 중대한 커리어 도약기이자 터닝포인트 지점'이 되는 것이다. 그렇다면 퇴사에 대한 고민에서 좀 더 자신만의 방향성을 가지고 선택지를 찾아볼 수 있을 것이다. 중요한 건 엄마가 중심이 되어 행복해야 일도 육아도 잘 이끌어갈 수 있다. 또한 엄마로서의 경력이든, 직장맘으로서의 경력이든 그 다음에 대한 준비는 필요할 것이다.

현재 이 글을 읽고 있는 엄마인 당신은 지금 어떤 '행복의 기준'을 가지고 있는가? 당신이 현재 하고 있는 일은 앞으로도 지속하고 싶은 의미 있고 열정이 있는 일인가? 만약 그렇지 않다면 지금 당신에게는 어떤 준비가 필요한가.

정말로 일과 육아의 균형이 가능할까?

"코치님, 다행히 지난주 2차 면접을 본 곳으로부터 오늘 최종 합격 연락을 받아서 매우 기쁘기는 한데요…. 막상 출근할 생각을 하니 제가 회사일과 육아 둘 다 잘 해낼 수 있을지 걱정이 돼요."

많은 여성이 육아휴직 후 직장에 복귀를 할 즈음이 되면, 혹은 재취업을 하게 되면 직면하는 걱정이다. 바로 일과 육아의 균형을 잘 잡아갈 수 있을 것인지에 대한 것이다. 작년 코칭으로 만난 3살 외동딸 아이를 둔 세인 씨(36세)도 비슷한 문제로 어려움을 호소해왔었다. 세인 씨는 아이를 어린이집 종일 돌봄으로 보내고 하원은 가까이에 있는 친정엄마에게 부탁을 하여 돌봄 공백을 잘 메꾼 상태이기도 했다. 문제는 세인 씨 본인 자신이 직장에서도 가정에서도 각각의 역할을 잘 해낼 수 있을지에 대한 우려가 있었던 것이다. 나 또한 늘 '일' 앞에서는 가정과 육아의 균형으로 고민하고 아슬아슬한 마음의 줄타기를 했던지라 세인 씨 같은 고민 사례를 접하면 남일 같지가 않게 된다. 나의 경우 어느 정도 업무 형태가 비교적 제한적이지 않은 프리랜서인지라 일 육아에서는 어느 정도 탄력적인 편이지만, 모든 엄마들이 프리랜서 형태로만 일을 하는 것은 아니기에 이 또한 한 번쯤 짚어보게 된다.

일과 육아 사이에 엄마는 없다

『가부장제와 자본주의』의 저자 우에노 지즈코는 "중단-재취업 후에 여성은 '일도 가정도' 바라는 바대로 양쪽을 다 손에 넣지만 그것이 이중의 자기실현이 아니라 이중의 부담에 불과하다."라는 내용을 언급했다. 사실 맞벌이 세대의 경우 육아 및 가사 부담은 부부가 분담 체제로 가야 될 것 같은 생각이 언뜻 들지만 막상 현실은 그러하지 못한 경우가 많다. 현실적 문제를 논하자는 것이 아니라 여성의 경우 여성 특유의 모성으로 남성보다는 육아와 가정생활이 일보다 우선순위가 되기 어려운 점을 얘기하는 것이다.

이는 통계청 자료를 통해서도 알 수 있다. 제3차 경력단절여성의 경제활동촉진 기본계획안(여성가족부, 2020)에 의하면, 과거 '일'을 우선시하던 사회에서 '일과 가정생활의 균형'을 중시하는 사회로 변화하는 추세를 보이는데, 특이한 점은 '19년 일과 가정생활 우선도 조사에서 남성은 '일 우선'(48.2%)이 높은 반면, 여성은 '일과 가정생활 둘 다 비슷'(49.5%)으로 비중이 높은 것으로 나왔다는 것이다. 즉, 여성이 남성에 비해 '일과 가정생활의 균형'에 우선을 두는 것을 알 수가 있다.

부부가 같이 직장생활을 하고 있어도 자녀를 키우며 챙겨야 할 학교 준비물, 과제나 집안의 각종 이벤트들은 대부분 여성이 차지하는 일이 아직까진 많다. 혹여나 아이가 아픈 경우가 생기면 회사에 휴가를 내는 것도 엄마가 먼저 생각하게 되는 경우가 많다. 회사에선 회사대로 눈치가 보이고, 아이에게는 잘 못 챙겨주는 듯해서 늘 미안한 마음이다. 일하는 엄마이다 보니 아이를 잘 챙겨주지 못해서 미안하고, 자는 아이 억지로 깨워 어린이집에 보내는 것도 미안하고, 아이가 아파도 미안하고, 잘 놀아주지 못해서 또 미안하다. 그렇다고 직장을 그만두기엔 매달 다달이 들어오는 급여와 커리어 등 포기해야 하는 것들 앞에서 망설여지고 전업맘이 된다 해서 아이를 잘 키울 자신도 없다.

그렇다 보니 워킹맘의 경우 자아실현이 아닌 이중고에 시달리고 있다는 하소연을 내놓고 있기도 하다. 과연 일과 육아 사이에 '엄마' 자신은 있었을까. 일과 가정에서도 모두 잘 해내고 싶고 자아실현을 하고 싶었던 엄마 자신은 그 안에 있었는지 되물어보고 싶다. 워킹맘으로 일과 육아를 균형 있게 유지하는 일은 결코 쉽지 않다. 매일 반복되는 전쟁 같은 소용돌이 속에 일과 육아를 양립시키는 것은 표면적으로 어려워 보일 수 있다. 과연 처음부터 '일과 육아'의 '양립과 균형'이란 가능했던 것인지 다시 한번 재고해보게 되는 시점이다.

엄마의 중심에서 최적화 지점을 찾는 것이 필요하다

'일과 육아의 균형 잡힌 삶'이란 일과 육아의 자리에서 엄마가 내놓을 수 있는 시간의 절대량의 문제는 아니다. 워킹맘이든 전업맘이든 현재 내가 가진 자리에서 내가 '행복'이라고 생각하는 가치 영역의 밸런스를 잘 유지해가는 것이 '일-육아의 균형 잡힌 삶'이다. 사람이 누구나 다 똑같지 않듯이 내가 '행복하다'고 생각하는 가치의 비율은 다르다. 이를 보통 소위 '삶의 만족도와 균형'의 비율로 본다.

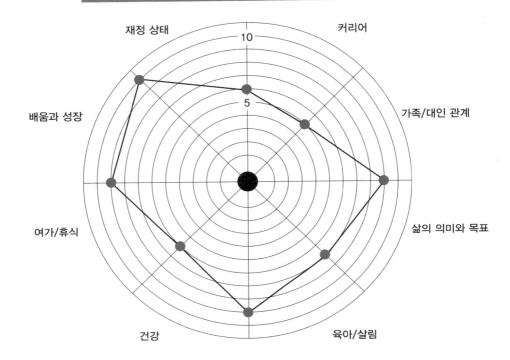

[표] 내 삶의 균형 Life Balance Wheel

'Life Balance Wheel'은 커리어 코칭 시 삶의 만족도 부분을 진단하기 위해 주로 활용하는 코칭 툴이다. 즉, 이 균형 척도에서는 '육아/살림, 재정 상태, 가족/대인 관계, 건강, 커리어, 배움과 성장, 여가/휴식, 삶의 의미와 목표'의 8가지의 삶의 큰 영역 안에서 적절한 균형을 맞춰가는 것의 중요성을 시사하고 있다. 이 영역별로 만족도를 표시하고 이를 선으로 연결하도록 하는데, 연결한 도형이 원에 가까울수록 삶의 균형이 잘 잡힌 것으로 보고 있는 것이다. 실제 코칭 시에는 만족도가 낮은 항목을 커리어 코칭의 주제로 선정하거나, 문제 해결의 실마리로 활용할 수 있기도 하다. 그런데 실상 8가지 영역의 균형을 잘 맞추어 일상을 살기란 쉽지만은 않다. 애초에, 균형 잡힌 삶이란 타이틀로 우리 여성은 스스로 모든 영역 안에서 균형 잡힌 하루와 삶을 만족하기 위해 너무나 고군분투했던 것은 아닌가 생각도 든다.

『엄마로만 살고 싶지 않습니다』의 저자 김아연은 "일과 육아의 균형은 어느 한쪽으로 치우치지 않으려는 노력이라면 최적화는 최적의 상태를 추구하는 것이다."라고 했다. '균형'이 '최적의 상태'를 추구한다는 표현이 많이 공감이 되는 부분이다.

상황에 맞춘다는 것은 '지금 이 시점'에서의 상황을 뜻할 것이었다. 나는 이 상황이라는 것을 두 가지 측면에서 보고 있다. 한 가지는 현재 기준에서 내가 중요하게 생각하는 '가치'에 따라 다르다는 것이고, 두 번째는 일과 육아에서 각각 집중해야 할 시기와 무게는 다르다는 것이다.

첫 번째 '가치' 면을 보자. 개인마다 추구하는 가치는 다르다. 어떻게 모든 사람들에게 똑같은 기준으로 일과 삶의 균형을 적용시킬 수 있을까. 누군가는 '커리어'의 영역이 '육아 · 가정', '돈'보다 조금 더 차지를 해야 행복을 느낄 수 있고, 그 반대되는 상황일 수도 있다. 나에게 맞는 '최적화의 상태'를 상황에 맞춰 찾아가는 것이다. 현재 각각의 영역에서 얼마만큼의 파이를 가지고 있을 때 '나 자신의 행복'을 느끼느냐는 개인마다 다르다.

두 번째, 일과 육아는 시기별로, 연령별로 집중해야 할 시간과 무게가 다르다. 일도 매일같이 바쁘기만 한 것은 아니며 시기별로, 연차별로, 직급별로 집중해줘야 할 시기란 게 있다. 육아도 연령별로 엄마가 집중해줘야 할 시기와 포인트가 있다. 각 영역별 집중 시기 안에서 '최적화된 균형'을 찾아가는 것이 필요하며, 그렇게 되었을 때 당장의 균형이 아닌 장기적인 관점의 '균형'이 생길 수 있다.

중요한 것은 일과 육아의 균형은 엄마의 중심에서 시작되어야 한다는 것이다. 엄마가 행복해야 자녀도 행복하다고 했다. 모든 영역 안에서 완벽하려 하면 엄마의 마음도 체력도 지치게 된다. 나의 행복의 기준은 '일과 육아'에서의 완벽함이 아니라 적절한 공존이었다. 그래서 선택한 것이 '반업맘'의 삶이었고, 집에서도 밖에서도 일과 육아를 넘나드는 생활이 이어졌다. 매월 정해진 날짜에 들어오는 급여를 포기했고, 직장맘이라고 하는 멋진 커리어 우먼의 타이틀도 버렸다. 단지 현재의 나의 상황과 나의 이상과의 타협점으로 선택한 일이 프리랜서이자 반업맘의 삶이었다. 고용의 안정감은 없었지만 나만의 일과 육아의 최적화 지점을 찾은 것이다. 워킹맘의 삶이냐, 전업맘의 삶이냐의 선택이 아니라 각각의 엄마의 자리에서 내가 행복하다고 여기는 영역의 기준을 맞춰가는 삶이라야 '일과 육아의 양립과 균형'이 가능해질 수 있을 것이다.

워킹맘의 실패 없는 퇴사라이프를 위해

워킹맘에게 '퇴사해도 될까?'라는 생각이 드는 시점은 언제나 불시에 찾아온다. 사랑하는 사람과 연애하고 결혼할 당시만 해도 '요즘은 거의 맞벌이 시대이니까 어떻게든 남들처럼 일도 육아도 잘할 수 있겠지….'라고 막연하게 생각하고 결혼하고 아이를 낳는 케이스가 많다. 그런데 전쟁 같은 육아기를 겪으며 차라리 돈 벌러 직장 다니는 게 낫겠다 싶은 생각에 일자리를 알아본다. 또한 재취업이 된다 해도 순간순간 퇴사에 대한 생각이 살포시 드는 순간들은 매번 찾아온다.

아이 돌봄의 공백의 순간에도, 매일매일 전쟁 같은 출퇴근 준비 시간 속에서도, 퇴근 후 아이의 숙제를 봐주는 시간 속에서도 아이와 함께하는 시간이 턱없이 부족함이 느껴질 때 등 순간순간 퇴사에 대한 생각은 찾아오기 마련이다. 꼭 육아에 대한 고민이 아니라 해도 직장 내 피곤한 인간관계, 쏟아지는 업무량, 현재 하고 있는 직무가 나에게 맞는 건지에 대한 갈등에서 등 퇴사해야 할 이유는 너무나 많다.

나도 육아기 퇴사의 과도기를 경험했던 한 사람으로 같은 고민을 하는 육아기 여성분들을 보며 퇴사를 하기 이전에 유념해야 될 것, 준비해야 될 것들에 대한 정리가 필요함을 느껴 '워킹맘의 실패 없는 퇴사 라이프를 위해 유념해야 할 것'을 다음과 같이 정리해보았다.

퇴사 전 준비냐 vs 퇴사 후 준비냐

지금이 퇴사의 적기다, 아니다는 본인 이외에 그 누구도 알 수 없다. 각 개인의 사정과 가정의 가계 현황이 다르기 때문이다. 보통 직업 상담에서 이직 혹은 전직과 경력 설계를 할 때에는 퇴사 전에 다음 직업군 혹은 옮길 직장이 정해진 상태에서 퇴사할 것을 권하는 편이다. 많은 이들이 일단 퇴사 후 고민해보자 식으로 그만두는 경우가 있지만, 막상 실직이 된 상태에서는 사회적 소속의 이탈에서 오는 무력감, 불안감 등의 심리가 생기기 때문에 오히려 있던 자신감이 떨어지고 위축감이 오기 쉽다.

하지만 만약 일정 기간 내가 일을 쉬어도 우리 가정의 최저 생활이 가능하고, 내가 하고 싶은 분야나 직무가 어느 정도 명확한 상태라면 양육 기간 엄마가 함께하는 시간을 좀 더 가지면서 제2의 경력 전환을 준비해 보는 것도 하나의 방법이 될 수 있다.

이 과정에서 중요하고 필요한 과정은 남편과의 충분한 대화이다. 일과 육아는 아내 따로 남편 따로가 될 수 있는 영역이 아니다. 서로의 일과 삶의 라이프를 존중하면서도 함께 공존하고 서로의 배려가 필요한 파트 이다. 때론 혼자 고민하는 것보다, 내가 이러한 고민을 하고 있다는 것을 남편 혹은 아내에게 얘기하고 나누는 시간 속에서 든든한 지원군이 생긴 다. 사실 자녀를 키우는 시간 안에서는 매일매일 현재를 살아가기에 바 쁘고 현재의 시간에서만 살아가게 된다. 오늘의 하루에 충실히 사는 것 도 물론 중요하지만, 미래를 그리는 시간 안에 오늘 하루의 바쁜 삶의 의 미가 있는 것이다. 때문에 부부간 서로의 미래를 이야기하는 시간은 반 드시 필요하다.

우리의 경우 둘째 계획부터 양육기까지 시간을 고려하여 5년 정도 준 비기를 생각하고 퇴사를 하였다. 중요한 건 어떤 선택이 나와 우리 가정 의 가장 안정적이고 행복한 삶인가를 생각해보는 것이다. 일은 의무가 되어선 안 된다. 해야 해서, 해야 하니까가 아니라 나의 삶의 한 부분이 '일'이기에 행복한 삶이어야 한다. 그렇다면 지금 내가 어떤 시기에 일을 잡고 있어야 행복한가도 생각해볼 필요가 있다.

흥미와 재능 분야를 사이드잡으로 탐색해볼 것

결혼 전 간호사였던 직장맘 선희(38세) 씨는 최근 간호사로 재취업을 하였다. 6살 딸아이 엄마이기도 한 A씨는 어린이집 종일 돌봄으로 아이를 맡기고, 오후 2시부터 저녁 9시까지 간호 이브닝 타임으로 근무를 하고 있었다. 다행히 남편이 일찍 퇴근이 가능한 직장이여서 남편이 퇴근 후 아이 하원과 저녁을 챙겨주는 등 저녁 육아 담당을 맡아서 해주고 있다. 아내와 남편이 2교대 육아 담당으로 현재 잘 생활하고는 있지만, 사실 선희 씨는 간호 직무가 아닌 다른 일을 희망하고 있었다. 바로 캘리그래피 강사다. 현재 가계생활비를 위해 간호 전문 경력직으로 일단 재취업은 성공했지만, 그녀의 머릿속에는 캘리그래피 직업군을 염두에 두고 있다. 아이 육아기에 한참 취미로 배워두었던 캘리그래피였는데 배우다 보니 취미가 아닌 직업으로 하면 좋겠다는 생각이 든다. 때마침 아는 언니가 SNS를 활용하여 수강생을 모집하고 클래스 강좌도 열고 캘리그래피 강사로 자리 잡는 모습을 지켜보며, '아… 이 일이 직업이 될 수도 있구나.'라는 생각에 희망이 생겼다. 그녀의 하루 시간은 크게 3파트이다. 간호사로서 직장맘으로 사는 시간, 6살 딸아이의 육아돌봄 시간, 그리고 제2의 직업 '캘리그래피 강사'로서의 공부 및 실습 시간이다.

위 캘리그래퍼 선희 씨는 필자의 커리어 코칭으로 만난 실제 사례 이야기다. 나에게 딱 맞는 커리어를 찾아가는 과정은 매우 긴 여정이다. 처음부터 정말 운명처럼 딱 이거다 하는 직업을 찾기란 사실 쉽지 않다. 자신을 분석해보는 여러 가지 직업심리 진단 검사 도구 등을 통해 추천 직업군을 살펴보는 노력도 해보지만, 검사 결과는 검사 결과일 뿐 딱 이거다 하는 직업군이 보이진 않는다. 나를 이해하고 분석해보는 과정도 물론 중요하지만, 결국 경험을 해봐야 이 일이 나에게 맞는 일인지 앞으로 지속적으로 해보고 싶은 일인지를 알 수가 있다. 퇴사 준비기에는 나의 넥스트 커리어를 경험해볼 수 있는 시기로 생각하면 좋다. 경험의 시작은 작게 시작하는 것이다. 나는 이것을 '엄마의 스몰 비즈니스'라고 명칭하고 있다. 어차피 본업이 있기 때문에 거리낄 것이 없다. 최대한 그래도 내가 관심 있고 흥미가 가는 '일'이 있다면 그 일을 '사이드잡', '부업' 등의 형태로 작게 시작해 보는 것이다. 내가 추천하는 안은 흥미분야 2~3가지 정도를 선택지로 두고 경험을 시도해보는 것이다.

선희 씨의 경우 현재 전문 경력직인 간호직으로 근무하면서도 제2의 직업군으로 캘리그래피 강사로서의 사이드잡을 경험하며 점차 자신에게 맞는 길을 찾아가게 될 것이다. 앞으로 선희 씨가 어떤 경험치를 쌓아가냐에 따라 캘리그래피 강사가 본업이 되고 간호직을 퇴사할 수도 있다. 또 막상 경험해보니 생각보다 이 업이 맞지 않아 다른 재능을 살려 사이드잡으로 찾아볼 수도 있다. 중요한 건 현명하게 퇴사 라이프를 그려보기 위해선 퇴사 준비기에 다양한 경험으로 넥스트 커리어를 설계해보는 게 필요하다는 것이다.

　최근 직장인들 사이에서는 'N잡러'라는 용어를 많이 쓰고 있다. 본업 이외에 부업으로 소득을 창출하는 N잡 열풍인 것이다. 팬데믹 이후 고용 여건에 불안함이 고조되고, 가계 경제가 어려워지자 부업을 생각하는 이들이 증가한 것이다. 직장에 얽매이지 않고 다양한 방식으로 소득 창출 기회를 늘리려는 2030세대, 가계 부담을 덜기 위해 직장 소득 이외의 수입원을 고려하는 4050세대에게도 N잡은 큰 관심사다.

　많은 이들이 직장월급 외 다양한 '수익 파이프라인'을 위한 N잡러를 떠올리지만, 나는 본업 외 다양한 직업 혹은 직무군을 경험해보며 '넥스트 커리어'를 찾기 위한 N잡 형태로서 활용해보시길 권하는편이다. 물론, 10년차 직장인이 갑자기 의사와 같은 직업군을 N잡으로 준비하는 것을 말하는 것이 아니다. 자신의 현재 상황과 여건에서 최대한 시도해보거나 도전해보면 좋을 직무군이 좋다. 그렇게 작게 시작하기에는 자신이 평소 흥미로 시작했던 취미나 재능을 활용해보는 것이 좋다. 특히 사이드잡은 현재 직장인이면서 막연하게 앞으로 10년, 20년 후 직장생활 이후의 일거리를 고민하는 직장맘, 그리고 현재 꼭 직장이 아닌 자신의 취미나 재능으로 부업거리를 고민하는 전업 육아기맘이 시도해보면 좋다.

　시작이 너무 거창할 필요없다. 거창하면 오히려 부담이 된다. 다양한 가능성을 두고 작게 시도해보는 것, 그것이 포인트다. 3040 재취업을 희망하는 육아기맘을 코칭하면서 내가 알게 된 점은 이분들이 어떤 특정하고 거창한 직업군을 꼭 원하는 것은 아니라는 것이었다. 일과 육아의 균형 잡힌 삶이 가능하면서 자신의 가치를 실현시킬 수 있는 '일'을 원하는 분들이 많았다. 바로 '내'가 그러했듯이 말이다. 특히나 최근 코로나 19 이후 급변화된 온라인 세상에서는 엄마들이 할 수 있는 사이드잡, 프리랜서 업무 형태가 너무나 많아졌다. 온라인에서 자신을 드러내는 과정을 거치면 된다. 바로 엄마의 퍼스널 브랜딩이다.

이 책의 5장 마지막 편에서는 엄마가 콘텐츠를 찾고 작게 시작하는 엄마의 스몰 비즈니스에 대한 이야기를 좀 더 구체적으로 다뤄두었기에 이 영역에 좀 더 관심 있는 이들은 5장으로 가서 좀 더 자세히 살펴보면 좋다.

'나만의 브랜드'를 구축해놓을 것

10여 년 전, 직장생활을 하던 내가 달라진 마인드가 하나 있다면, 그것은 바로 '자기경영 1인 기업가로서 전문 역량을 키울 것'이었다. 회사는 더 이상 나의 보호대가 아니었다. 직장에서 돈 벌기에만 급급해서는 언젠가 겪게 될 혼란이 올 것이 뻔했기에 두려웠다. 회사 안의 소속에서 과장, 대리라고 하는 직급과 감투가 회사 밖으로 나간다고 해서 내가 되지는 않았다. 퇴사를 해보고 나니 더욱 뼈저리게 느끼게 되었다.

직장인을 대신할 수 있는 새로운 개념은 자신을 개인사업자로 생각하는 것이다. 즉, 언제 어디서든 자신을 한 회사와 서비스를 계약하는 1인 기업 경영자로 승화시키는 것이다. 1인 기업 마인드를 장착하고 있는 이들은 현재 소속되어 있는 회사에 자신을 구속시키지 않는다. 단지 현재 이 회사에 소속되어 특정 기간 동안 개인의 특수하고 전문화된 역량과 용역을 제공하는 1인 기업인이자 전문 프리랜서의 마인드로 임하게 된다.

이러한 마인드로 인해 생기는 긍정 효과는 자신을 피고용자가 아닌 자신의 서비스에 책임을 지며, 개인 기업을 경영하는 사업자이며 기업의 파트너로 생각하며 일을 하게 된다. 더 이상 조직에 의존하는 힘없는 직장인이 아닌 자신의 사업체를 운영하는 경영자 마인드로 일을 찾게 된다. 즉, '일자리'를 지키기 위해 급급해하는 것이 아닌 현재 내가 머물고 있는 이곳에서 '나의 경쟁력', '나의 일'을 찾기 위한 움직임이 시작된다. 그러다 보니 자연스럽게 자신의 독립된 일과 차별화된 스토리로 회사 밖에서도 영향을 미칠 수 있는 '나'라는 브랜드를 만들어갈 수 있게 된다.

1인 기업은 『그대 스스로를 고용하라』의 저자인 고 구본형 소장님의 책을 통해 처음 접하게 된 혁신적이면서도 새로운 개념적 용어였다. 그 당시 직장에서 하루하루 변화 없는 무미건조한 일과 직장 내 인간관계 안에서의 슬럼프, 매너리즘에 빠져 있던 나에게 있어 직장인을 대신하는 '1 인 기업가'는 생소했지만 매우 신선한 충격이자 직장 내 피고용자의 마인 드를 조금씩 탈출할 수 있었던 계기가 되었다. 내가 혁신적으로 회사 밖 으로 탈출하여 '1인 기업가'로 성공했다는 얘기를 전하려는 것은 아니다. 회사 밖으로 개인사업자를 내야만 '1인 기업가'는 아니다.

나 스스로 1인 기업가 사업자라는 마인드로 현재 소속되어 있는 기업 과 파트너십 관계로 일을 하고 있다는 마인드가 중요하다. 소속은 사회 적인 마인드를 주는 이점은 있지만 의존성이 쉽게 생기기 마련이다. 반 면 소속이 아닌 파트너 관계에선 상생, 협업, 성장, 독립적인 의미를 좀 더 주지시키게 하는 힘이 있다. 파트너에 의존하게 되면 나의 역량을 키 울 수 있는 노력을 멈추게 된다. 자기 주도적으로 독립적이면서 언제든 협업이 가능한 나의 '일'을 만들어가는 자세가 필요하다. 또한 회사 내에 서건, 회사 밖에서건 나 스스로 '나'라는 개인 브랜딩을 구축하기 위한 노 력이 필요하다.

회사 밖에서도 움직일 수 있는 '1인 기업 브랜딩'이 어느 정도 구축되어 있다면 그동안 내 앞에 굳건하게 버티고 있던 퇴사 이후의 삶에 대한 두 려움이 많이 낮아져 있음을 알 수 있을 것이다. 그리고 이미 1인 브랜딩 을 해나가고 있는 과정 안에서 수많은 자기와의 싸움과 극복을 통해 내 면은 더욱 단단하고 굳건해져 있기에 큰 어려움 없이 마이웨이를 걸어나갈 힘이 생기게 된다.

직장 내 커리어에 국한하는 것이 아닌 일과 가족, 개인의 성장 및 자기계발 등 일 이외의 영역에 삶을 스스로 통제하고 조절할 수 있기를 원하는 여성들이 많이 늘어나고 있다. 특히, 엄마의 경우 자녀의 성장 그래프에 따라 엄마의 일의 양적 파이를 줄이고 늘리거나 시간과 장소에 대한 제한되지 않는 탄력적인 업무 시스템에 대한 갈증을 필요로 한다. 때문에, 회사 내 일자리가 아닌 회사 밖에서도 언제든지 자신의 용역 서비스를 제공하고 가치를 부여할 수 있는 1인 브랜딩의 구축과 확장에 힘을 기울여야 한다. 바로 회사 밖에 존재하는 진짜 나의 고객들에게 잊을 수 없는 당신의 브랜드이다.

누적된 온라인 콘텐츠를 쌓아놓을 것

그렇다면 이 브랜딩은 어떻게 만들어갈 수 있을 것인가? 바로 '당신만의 경험 스토리, 온라인 콘텐츠'이다. 확실히 이전 세대하고는 달리 최근의 구직 활동이 달라졌다는 것을 체감한다. 이전에는 학위, 각종 자격증과 어학 점수의 스펙이 중요시되었다면, 이제는 개인의 포트폴리오가 중요해졌다. 전통적인 경력과 이력이 중요하고 이력서 한 줄 채우기가 급급했다면, 그것을 증명할 수 있는 포트폴리오와 차별화된 새로운 길의 탐색이 필요한 것이다. 어느 기업의 특정 직함이 아닌, 한 개인의 '퍼스널 브랜드'가 필요하다. 대단한 브랜딩 마케팅을 말하는 것이 아니다. 최근에는 1인 미디어의 발달이 잘되어 있기 때문에 개인이 자신의 콘텐츠를 축적해나가고, 그것을 온라인 포트폴리오화하면 충분히 자신의 영역 안에서 빛나는 1인 퍼스널 브랜딩을 구축하고 시장 안에서 자신의 이름을 내놓을 수 있게 되었다.

때문에, 퇴사 전 자신이 앞으로 시장에 내놓고 싶은 당신만의 영역, 당신만의 안전한 일 영역으로 갈아타고 싶다면 충분히 온라인에 당신만의 콘텐츠를 축적해나가야 한다. 콘텐츠는 단기간에 만들어지고 축적되는 것이 아니다. 꾸준히 자신이 세상에 내어놓고 싶은 자신의 재능을 탐색하고 경험해야 하며 그것을 온라인에 기록해두는 습관과 꾸준함이 필요하다. 탐색과 기록의 꾸준함의 시간이 쌓이게 되면 생기는 것은 그 분야의 전문성이다. 그 안에 자신만의 경험을 녹여내면 차별화된 전문성이 생기게 된다.

여기서 말하는 온라인 콘텐츠란 우리가 일상에서 많이 하고 있는 SNS 콘텐츠를 말한다. 전업주부도 바로 시작할 수 있는 플랫폼이다. SNS는 인스타, 유튜브, 블로그, 페이스북 등 다양한 플랫폼 등이 있으며 나에게 맞는 플랫폼을 선정하여 내가 현재 관심 있는 일, 앞으로 하고자 하는 일, 나의 서비스를 꾸준히 기록하고 세상에 드러내놓기만 하면 된다. 엄마의 브랜딩과 온라인 콘텐츠로 커리어 포트폴리오 만들기 또한 '5장 온택트 시대, 엄마가 똑똑하게 일하는 법'에서 좀 더 구체적으로 실전 팁을 다뤄두었기에 관심 있는 이들은 5챕터로 바로 넘어가 읽어보아도 좋다.

4

떠나기 좋은 최고의 타이밍은 언제일까?

워킹맘은 늘 가슴에 사표를 품고 직장에 다닌다. 맞벌이는 당연하면서 '맞살림'은 당연하지 않은 불합리한 마인드가 아직까지 안타깝게도 한국에선 자리 잡고 있는 까닭에 살림 업무분장으로 남편과 갈등이 생기기도 한다. 하지만 매일같이 퇴사를 마음에 품고 있다가도 정해지지 않은 커리어 방향에서 생각과 고민만 도돌이표인 나날이 되고 있다.

커리어를 쌓아나갈 시기에 공백기의 방황은 최대한 줄이는 것이 좋다. "앞으로 어떻게 살고 싶어?"라는 질문에 "적어도 이 회사에서 계속 일하는 건 아니야."라는 대답은 쉽게 나올 수 있다. 그러나 실제 퇴사를 염두에 두고 있을 때에는 그보다 더 깊이 구체적인 시나리오가 대답으로 나올 수 있도록 해야 한다.

다음은 지금의 회사를 떠날 타이밍을 고민할 때 결정에 도움이 되는 내용을 정리해보았다. 물론 아래의 내용들은 현재 직장에서 더 이상의 비전이 없고 퇴사에 대한 마음이 확실히 있을 때를 가정한 상황이다.

첫째, 다른 커리어 방향의 일에 대한 시나리오가 구체화되었을 때

워킹맘의 경우 현재의 직장에서 떠나기 전에 새롭게 시도해보고 싶은 일에 대한 충분한 시나리오를 구체화하는 작업이 필요하다. 만약 평소 취미로 쿠킹 & 베이킹을 실습 과정으로 배웠던 워킹맘의 경우 다음과 같은 예시를 볼 수 있다.

"1년 정도 일을 쉬고 있을 때 잠깐 취미로 쿠킹 & 베이킹을 해봤는데, 꽤 재미있더라고. 내가 직접 만들어준 쿠키와 빵을 맛본 주변 엄마들도 소질 있다고 너무 맛있다고 해줬어. 하지만 그렇다고 내가 매장을 열고 베이킹을 해서 판매하고 싶은 생각은 아직 없어. 창업은 뭔가 거창하고 아직은 막막해. 초기 자본도 많이 들어갈 것 같고. 전에 아이들이 친구들 데리고 우리 집에 왔을 때 요리 체험으로 한번 베이킹 실습을 해봤는데, 몸은 좀 힘들었지만 아이들이 내가 알려준 노하우대로 쿠키와 빵을 조물조물 해가며 저마다 개성 있는 형태를 만들어내고 꾸미는데 아이들도 너무 좋아하고 나도 뿌듯하더라고. 아… 맞다, 그러고 보니 난 쿠키와 빵을 만드는 과정의 자체보다는 그것을 좀 더 예쁘게 모양을 만들어가고 색다른 것을 생각하며 만들어내는 게 좋은 것 같아. 또 나는 가르치는 일을 좋아하니까 아동이나 엄마들 대상으로 베이킹 클래스를 해보는 것도 좋을 것 같아. 원데이 클래스나 나중에 잘되면 강사 과정을 해봐도 좋을 것 같고. 그것만으로는 수입이 크진 않을 수 있으니, 온라인마켓에서 핸드메이드로 작게 판매를 해보는 것도 괜찮겠어. 오프라인 매장은 부담되지만, 스마트스토어나 오픈마켓은 비용이 드는 것도 아니니까. 일단 베이킹 자격 과정도 들어보고, 온라인 스마트스토어도 알아보고 시작해봐야겠어.”

위와 같이 퇴사 전 내가 시도해보고 싶은 새로운 일에 대한 충분한 시나리오를 그려보는 것이 필요하다. 앞서 말했다시피 이 일이 정말 밥벌이가 되는 일인지 아닌지 혹은 내가 지속적으로 하고 싶은 일인지 아닌지는 경험해봐야 안다. 퇴사 전 준비되는 예상 기간, 비용 등을 러프하게나마 그려보면서 떠날 시기를 점쳐보는 것이다. 너무 구체적으로 깊게 생각하지는 말자. 작게 시도해보고 조금씩 확장해가는 것이 좋다. 중요한건 다른 일을 시도해보고 그 일로 넘어가기 전에는 그만큼 이 일에 대한 결심이 좀 더 확고해졌을 때 넘어가는 게 좋다. 마치 보험을 들어두는 것처럼 말이다.

둘째, 현재 사이드잡의 급여가 기본 생활비가 가능한 선이 되었을 때

『나는 퇴근 후 사장이 된다』의 저자 수지 무어는 "사이드잡이 본격적으로 진행되고 수익까지 나기 시작하자 나는 삶에 대한 열정이 다시금 새로워지는 걸 느꼈다. 나는 그것이 '진짜 커리어'의 징표라고 생각한다."라고 본인의 경험담을 전했다. 사이드잡에서 수익 발생으로까지 발전하자 열정이 생기고 진짜 커리어의 방향을 찾은 것이다.

많은 직장인들이 다양한 수익 파이프라인을 위한 N잡을 뛰고 있다. 수익 파이프라인을 여러 개 가짐으로써 수익을 늘려나가는 것도 좋지만, 나는 자신에게 좀 더 맞는 커리어를 찾아가는 과정에서 N잡을 활용하는 것을 권하고 있다. 재능 탐색 겸 이 일이 본업으로 갈아타도 될지는 경제력을 따지지 않을 수 없다. 아무리 내가 좋아하는 일이라 하더라도 현재의 시장성에서 떨어진다거나 생활을 할 수 있을 만큼의 수익이 나지 않으면 그 일을 지속시키는 데에는 한계가 있다. 일은 '의미', '재미(열정)', '돈(수익)', 이 3박자가 맞아야 지속하는 힘이 생기기 때문이다. 투잡을 뛰면서 본업만큼의 수익을 내기란 어려울 수 있다. 하지만 이 정도의 수익이면 가계 생활비에 보탬이 되고, 퇴사 후 본격적으로 이 일을 본업으로 하게 되었을 때 어느 정도 수익 체제가 자리 잡을 수 있을 것 같다는 판단이 선다면 그때는 퇴사를 시도해보아도 좋다고 본다.

셋째, 개인의 전문성을 드러내는 포트폴리오가 구축되어 있을 때

나는 '일자리'가 아닌 엄마 자신의 충분한 탐색을 거쳐 자신만의 '일'을 가지는 것이 중요하다고 하였다. 엄마의 두 번째 명함은 이전의 직장의 선택과는 달리 충분한 자기 탐색과 앞으로의 지속성을 가지고 고려하여 결정된 직업이나 직무일 것이다. 때문에 이제는 어느 한 기업의 '누구'가 아니라, 한 개인의 전문성으로 사회와 고객에게 나의 가치를 증명하고 드러내야 한다. 그 가치를 어떻게 증명할 수 있을까? 앞서 언급한 바로 자신의 브랜딩과 포트폴리오다. 전문 캘리그래퍼, 베이킹 지도사, 커리어 코치, 콘텐츠 크리에이터, 심리상담사, 작가, 온라인 마케터, 그림책 지도사 등 자신이 두 번째 커리어로 정한 분야에서 꾸준히 SNS 콘텐츠와 팬이 구축되어 있어야 한다.

즉, 내가 이 회사를 나가도 충분히 독립적으로 매력적이고 잘 나갈 수 있을 때다. 나는 10년 전 육아 사유로 퇴사 후에는 육아 중 취업 상담과 모의 면접관으로 약 5년간 재택근무와 강의를 했었다. 하지만 그마저도 2년 전 퇴사를 했다. 재직 중 커리어학습 코칭 전공으로 대학원 학업으로 이력을 쌓고 필요한 커리어 개발 직무교육을 들으며 역량을 쌓아두었었다. 또한 나에게 좀 더 결 맞는 코칭과 강의 분야, 대상을 세분화하였고 나의 온라인 플랫폼에 콘텐츠를 쌓아나가며 브랜딩화해놓았었다. 자립하고 독립하기 위한 준비기를 가지고 있었던 것이다. 때문에 퇴사 선택에 큰 어려움은 없었다. 그때가 딱 떠나기 좋은 타이밍이란 생각을 했다. '지금 이 시점에서 나가야 내가 한 번 더 도약하고 점프할 수 있겠구나.'라는 생각을 한 것이다.

필자가 전하는 떠날 타이밍이란 꼭 직장 퇴사만을 뜻하진 않는다. 직장맘이 현재의 경력에서 엄마로 혹은 다른 경력으로 바꿔가는 타이밍, 혹은 전업맘이 엄마라는 경력에서 도전해볼 만한 새로운 경력으로 바꿔가는 타이밍 등 새로운 경력으로 전환하거나 확장하는 타이밍을 뜻한다. 떠난다는 것은 개인에게 더 좋은 선택일 때 의미가 있는 것이다. 새로운 도약으로 나아가는 과정은 언제나 두려움이 앞선다. 한때는 이 두려운 감정까지도 두려워 애써 외면하고 싶었다. 하지만 이 두려움이란 감정도 내가 감당하고 같이 가야 하는 소중한 감정이라는 것을 알기에 두려움 앞에 나를 내어놓기도 한다. 그랬을 때 변화와 성장이 온다는 것을 지나온 수많은 경험들을 통해 깨달았기 때문이다.

이 글을 보고 있는 엄마들이여, 지금 어떤 두려움을 가지고 있는가? 그리고 그대의 그 자리에서 떠날 타이밍은 언제인가?

5

지금까지보다 더 좋은 날이 시작된다

어느덧 돌아보니, 육아와 나의 길을 찾아 퇴사를 한 지 10년이 다 되어 간다. 그 당시, 퇴사할 때에는 막연하게 커리어 코치가 되기 위한 준비를 해야겠다고 생각했었다. 하지만 막상 퇴사 후 아이와 오롯이 집에만 있다 보니 그나마 있던 자신감과 생각이 움츠러들고 불안해지기 시작했다. '내가 과연 지금까지 해온 경력을 버리고 아예 새로운 일을 시작할 수 있을까?'에 대한 물음표가 지속되었던 것이다.

그러던 어느 날 도서관에서 지금의 나처럼 커리어 코치가 된 작가분의 책을 발견하게 되었다. 젊은 날 여러 번의 직장과 직업군을 바꾸다 현재는 커리어 코치이자 작가가 된 분이었다. 혼란스러움을 잠재우고 코칭을 받고 싶어 용기 내어 책 저자이신 코치님께 이메일 유료 상담을 신청했다. 이전의 나의 경력사항과 현재 나의 상황, 그리고 앞으로 관심가지고 있는 직업군에 대한 나의 생각과 우려사항(다시 공부해야 하는 학업, 나이, 육아기 엄마로 풀타임이 어려움에 대한 여러 가지 것들…)을 나열해서 말씀드렸고, 현재 작가이자 커리어 코치로서의 솔직한 조언을 듣고 싶다는 내용으로 메일을 드렸다.

이틀 정도의 시간이 흐른 후, 장문의 메일로 회신이 왔고, 나는 조금은 설레는 마음으로 보내주신 답변 메일을 열어보았다. 코치님은 현재까지 방황의 청춘기를 지나 나름 직장생활로 탄탄한 경력을 쌓아오고, 현재도 자신의 커리어를 고민하는 나에게 응원의 메시지를 힘껏 보내주셨다. 그런데 코치님의 솔직한 조언과 의견에서 내가 보았던 결론은, 커리어 코치로서 걸어가야 할 여러 가지 준비 과정과 도약의 단계가 필요한 부분도 있기에 IT 업종에 있던 나의 이전 경력을 지속적으로 이어가보는 것이 현실적으로는 리스크가 적을 수 있다는 것이었다.

갑자기 맥이 끊긴 기분이 들었다. 난 무엇을 바라고 듣고 싶었던 것일까. 내가 듣고 싶었던 얘기가 아니었기에 조금은 실망했던 것 같기도 하다. 어쩌면 난 누군가의 솔직한 생각과 조언이 아니라, 불안한 생각의 기로에 있는 나에게 '너도 할 수 있다고, 늦지 않았다고, 하고 싶은 일을 하라고' 하는 그냥 나의 주춤거리는 고민에 확신 1%를 불어넣어주는 응원의 한마디를 듣고 싶었던 것 같다. 메일 확인 후, 며칠간의 고민과 함께 변함없는 전쟁 같은 육아맘의 일상의 시간을 보냈다. 잠시 맥이 끊기는 기분과 열정이 조금 사그라들기도 했던 것 같다. 하지만, 언제 그랬냐는 듯 나의 주파수는 다시 내가 꿈꾸던 길로 향하고 있었고 관련 길을 향한 로드맵을 적어가고 있었다.

만약 10여 년 전이 아닌 지금의 마흔을 넘긴 내게 동일한 상황이 온다 해도 난 똑같은 선택을 할 것이다. 직장생활을 지속하고 있었어도 아마도 난 지속적으로 내가 한번은 가보고 싶은 길에 대한 기웃거림을 했었을 것이다. 사람은 누구나 내가 가지 못한 길에 대한 미련이 남기 마련이기 때문이다. 그 길이 북극성으로 도착하는 길이 아닐 수도 있다. 그렇다고 그쪽 길로 가는 것조차 시도를 해보지 않는 것은 내 삶의 단조로움을 자처하는 것과 같다.

시간이 흘러 이젠 같은 커리어 코치가 된 입장에서 나 또한 이러한 사례를 무수히 많이 접하게 된다. 육아기 전업맘도 퇴사를 고민하는 직장맘도 현재 내가 담고 있는 공간만 다를 뿐이지 엄마 이후의 삶과 넥스트 커리어를 고민하게 된다. 그런데 고민하는 또 하나의 길은 꼭 불확실함만 가득해 보이는 길이다. 나 또한 나의 커리어 기로에서 누군가의 상담을 받아보았고, 또한 누군가의 커리어를 상담하며 현실적인 조언을 하게 되기도 한다. 하지만 결국은 본인이 생각하고 염두에 두었던 길로 준비하고 다시 시작하시는 분들이 많다는 것을 현장에서 많이 보고 깨닫게 된다. 그 길에 대한 목마름과 절실함이 있다면 그냥 내 마음이 가고 싶은 길을 찾아가게 되어 있다.

현재 퇴사 고민 진행형 엄마라면, 오늘도 전쟁 같은 육아로 허덕이지만 내 일에 대한 목마름과 갈증을 느끼는 엄마라면 꼭 북극성까지 가지 않아도 된다고, 단지 가는 그 길을 즐기고 탐색해보면 좋겠다고 말해 드리고 싶다. 늦은 때란 없다. 더 좋은 날은 지금부터다.

Chapter 3

리스타트 워밍업편

—

잃어버린 나를 찾아서

가장 먼저 엄마의 자존감 회복부터

"제가 할 수 있을까요…. 막상 도전할 자신감이 안 생겨요."

경력단절여성들을 위한 재취업 교육 및 1:1 코칭 중 다시 일을 시작하려는 엄마들로부터 대부분 많이 듣는 말 중 하나는, "제가 할 수 있을까요…. 이런저런 생각은 있는데, 막상 도전할 자신감이 안 생겨요." 혹은 "전 자존감부터 높여야 할 것 같아요."라는 것이었다. 이런저런 자신에 대한 탐색 과정을 통해 커리어 리스타트를 위한 여러 대안들을 찾아보기는 하지만, 막상 시도해보는 생각에서조차도 스스로가 그 변화를 거부하는 모습을 보이는 것 같다. 생각해보면 우리는 아이를 키울 때 자존감의 중요성을 잘 알기 때문에 어떻게든 아이의 자존감을 높이려고 갖은 애를 쓰지 않던가.

그런데 막상 오늘 하루 엄마 자신의 자존감을 높이기 위해 무슨 일을 했는지 생각해보자. 사실 엄마라는 역할을 수행하면서 자존감이 털리는 일은 나도 모르는 사이 겹겹이 쌓이게 된다. 유능감을 맛볼 일은 하나 없고 조용히 스스로를 토닥일 여유란 없다. 회사에서는 열심히 일한 만큼의 성과지표가 남고 승진 등의 여러 가지 성과 시스템이 갖춰져 있지만, 엄마의 일은 하루 종일 남편과 아이를 보살피며 바쁜 하루를 보냈어도 그 모든 것들이 유형의 성과물로 남지 않는다.

가정의 살림과 육아를 위한 혁혁한 역할 수행을 다 했지만 엄마 스스로에게 그 역할이 뿌듯한 성취감을 준다거나 보람을 안겨주지는 않는다. 아이는 쑥쑥 자라고 나는 그대로 멈춰버린 엄마라는 일상을 살다 보면 자연스럽게 드는 허전한 마음은 어쩔 수 없다. 그렇게 멈춰버린 나의 자존감이 아닌 멈춰버린 자존감일까, 아니면 이전부터 나는 자존감이 낮았던 사람이었을까.

'자존감(self-esteem)'이란 '자신이 사랑받을 만한 가치가 있는 소중한 존재이고 어떤 성과를 이루어낼 만한 유능한 사람이라고 믿는 마음이다'라고 정의되고 있다. 말 그대로 자신을 존중하고 사랑하는 마음인 것이다. 일상에서 '자존감'은 '자존심'과 혼동되어 쓰이는 경우가 종종 있다.

　이러한 여성의 자존감과 자존심의 차이를 잘 풀어내어 소개한 영상이 있다. 〈김미경 신기율의 '여자인생연구소'〉 유튜브 영상 편에서 신기율 작가는 '자존감'은 '자신감 혹은 자존심'과는 다르다고 설명하고 있다. 자신감과 자존심은 타인과의 관계에서 생겨나는데, 내가 객관적인 무엇인가를 잘해내었을 때 자신감이 상승이 되며 이는 곧 자존심 상승에 영향을 준다. 예를 들어, 시험에서 내가 100점을 맞은 경우, 타인보다 잘했기에 자신감과 자존심은 상승한다. 하지만 나의 근원인 자존감이 낮은 사람의 경우, 100점을 맞다가 어느 날 한 개를 틀린 경우 자기비하와 조롱을 한다. '나는 못났어. 어떻게 하나를 틀릴 수가 있어. 나는 쓸모없는 인간이야.'라고 생각할 수 있는 것이다. 즉, 자존감은 타인과의 비교가 아닌 '있는 그대로의 나'를 존중하고 사랑하는 마음인 것이다.

　『20대 심리학』의 저자 곽금주는 "우리의 자존감은 원부모로부터 굉장히 영향을 받는다. 이후 또래와의 비교를 통해 자신의 자존감 또한 조정하게 된다."라고 했다. 그런데 신기율 작가는 이에 대해 "다른 여러 부분에서 자존감이 커지면 원부모로부터 상처를 치유하거나 보완할 수 있다. 그래서 자존감이 어느 정도 회복 가능하다."라며 자존감을 극복할 수 있는 해결의 실마리를 안겨주었다.

　우리는 성인이 되어 직장과 가정 내외에서 혹은 사람들 간의 관계에서 여러 가지 갈등을 겪는다. 그런데 이러한 개인과 사람들 간의 갈등이 일 상생활에서 불편할 정도로 문제가 심각해졌을 때 보통 상담사를 찾아가게 된다. 상담의 영역은 '치유'에 목표를 두고 이뤄진다. 현재 내담자의 이러한 문제적 원인을 과거 부모와의 관계에서 형성된 트라우마나 자라오면서 겪은 과거 개인의 상처 회복에 우선하여 치유에 목적을 두고 있다. 그래서 보통 사람들은 이 부분이 해결이 되어야지만 자존감이 회복될 수 있다고 생각하기도 한다. 그런데 다른 부분들에서 이 자존감이 어느 정도 회복이 가능하다는 이론은 '내 안의 자존감'을 회복하기 위해 몸부림치는 많은 이들에게 그래도 희망이 되는 메시지가 아닌가. 그렇다면 멈춰버린 자존감, 아니 이전에 이미 멈춰 있었을지도 모를 '자존감'은 어떻게 회복할 수 있을까.

자존감 회복을 위한 엄마 마음 코칭

옛말에 '밑 빠진 독에 물 붓기'라는 말이 있다. 이는 아무리 애써 하더라도 아무 보람이 없는 경우를 비유해서 나온 말이다. 앞서 말한 대로 엄마는 다시 사회에 진출하기 위한 리커리어를 꿈꾸지만 멈춰버린 자존감으로는 무엇을 계획하든 지레 포기하고 지치기 십상이다. 새로운 물을 담아낼 수 있는 확고한 내면이 없기에 밑 빠진 독에 물 붓기 마냥 부어도 부어도 채워지지가 않는다.

"제가 할 수 있을까요? 나이가 많은데 될까요…? 제가 어떻게 할 수 있겠어요. 제가 어떻게…."

　자동발사포 대사다. 엄마들의 자존감이 많이 낮아진 상태에서 나올 수 있는 말들이다. 원부모로부터이든 자라면서 사회적 관계에서 형성된 그 무엇이든 간에 떨어진 자존감으로 인해 스스로 현재의 모습에서 자존감 회복이 안 되고 있는 거라고 볼 수 있을 것이다. 나 또한 자존감이 많이 낮은 사람 중에 한 명이었다. 그분들에게 자존감을 조금씩 회복하시는 연습이 필요하다고 말씀드리지만, 나라고 사실 다를 것 없던 사람이었음을 고백한다.

　하지만 어느 순간부터 나의 내면에 조금은 성숙한 자존감이 자리 잡고 있었음을 깨닫게 되기도 한다. 스스로 무언가를 시도하거나 도전할 때에 이전만큼 지레 겁먹는다거나 '안 될 거야.'라고 스스로 단정 짓지 않는 모습에서, 혹은 누군가 나에 대해 긍정적 평가를 해주었을 때 그것이 이제는 크게 부담스럽게 느껴지지 않고 자연스럽게 받아들이는 내 모습들에서 이전의 나와는 분명 다름이 있었다.

　처음부터 의도하고 노력한 건 아니었지만 그 순간이 언제부터였던 건가 생각해보면 나 스스로가 책임감을 가지고 주체적인 삶의 태도로 내 인생을 내가 그리는 대로 끌고 가려는 노력에서부터 시작되었음을 알게 된다. 나의 경험을 토대로 엄마의 '자존감 회복'에 도움이 될 만한 마음 코칭 몇 가지를 소개하고자 한다.

비뚤어진 내 의자 바로 세우기

한창 어린이집 다니던 아들 둘과 놀이터로 오며 가며 몇몇의 엄마들과 어울리던 때가 나에게도 있었다. 그 중 유난히 밝고 유쾌해 보이는 두 살 위의 엄마와 친해지게 되면서 몇 차례 아이들 데리고 놀이터에서 담소를 나누곤 했었다. 그러던 어느 날, 아침 비가 올 것 같은 흐린 날씨, 어김없이 어린이집 등원 길에 만난 그녀가 나에게 반갑게 인사하며 말한다.

"좋은 아침! 오늘 날씨 너~~무 좋다!"
"응…?? 너무 좋은 날씨라고?"

하늘을 바라보았다. 하지만 아무리 봐도 그날은 일기예보대로 비가 올 것 같은 흐린 하늘이 분명해 보였다. 오래전 누구나 한 번쯤 겪게 되는 사춘기, 마음의 방황기에는 온 세상의 무거운 짐은 내가 다 짊어진 것 마냥 '내 안의 나'만 보였을 때가 있었다. 자존감이란 있는 '나' 그대로 사랑하고 존중해주는 마음인 것인데 어떻게 나 자신을 사랑하고 힘을 불어넣어줘야 하는 것인지, 어떻게 나를 다독일 수 있는지 그때 당시에는 알지 못했던 것 같다. 서점에 가면 손이 가지 않던 책 분류가 바로 '자기계발서'였다. 온통 자기 잘난 멋으로 써내려간 글로만 보였고, 애써 읽어 내려가도 와닿지가 않은 글귀뿐이었다. 언제나 손길이 간 책들은 감성 에세이. 당시에는 과하지 않은 작가의 담담하고 감성적인 문체들이 좋았다. 그렇게 나를 위로받기도 하고 나의 불편한 심경들에 타당하고 합당한 이유를 만들어내기도 하며 말이다.

『나는 퇴근 후 사장이 된다』의 저자 수지 무어는 "자기 자신에게만 너무 집중하다 보면 인생의 의미와 목적을 잃어버리게 된다."라며 자기 자신에게만 너무 집중했을 때의 문제점에 직면하도록 했다. 부정적 감정과 비판은 스스로 나를 일으키는 힘을 낮추게 한다. 힘을 주려다가도 '잘 안될 거야… ', '잘 안 되면 어떡하지.' 하고 말이다. 나의 경우 무엇을 하든 그 과정이 단 한 번도 어설프지 않은 적이 없었다. 그런 나를 또 자책하고 비판하고 반복의 과정 속에서 자꾸만 다시 움츠리고 있는 나에게 집중하게 했던 것이다. 살다 보니 중요한 건 타인에게 인정받고 사랑받는 것보다 조금은 부족할 수 있는 나를 인정하고 사랑하는 것이 중요한 것임을 부끄럽지만 그 당시엔 몰랐었다.

다행인 것은 그 감정이 영원하지는 않았다는 것이다. 그렇기에 행복한 삶을 위한 첫 단계로 자존감을 키우는 노력이 필요하고 매우 중요하다. 그 시작은 바로 나를 제대로 알고, 있는 그대로의 나를 받아들이는 것에 있다. 움츠린 '나'에게 집중하는 것이 아닌, 있는 그대로의 나를 바라보고 돌아보기 시작하는 것이다. 그러한 작은 움직임들의 시간은 축적이 되어 삶을 바라보는 시야를 확장시킨다.

"그렇다! 내 의자가 삐뚤어져 있는 것이다. 당신도 알겠지만, 세상은 항상 그대로였다. 다만 세상을 보는 나의 시선이 달라져서 세상이 달라졌을 뿐이다." - 『자기설득파워』, 백지연

자기계발서는 잘 들춰보지 않던 내가 우연히 서점에서 책을 들춰보며 읽은 이 구절은 왜 그리도 나에게 내리꽂히던지. 세상은 늘 그대로인데 비뚤어진 내 의자가 세상을 바라보는 시야를 좁게 했음을 어설프게 깨달을 수 있었다. 그때부터였던 것 같다. 조금씩 '내 안의 움츠린 나'를 객관적인 시선으로 바로 보기 시작했던 것이다. 그렇게 읽혀지지 않던 자기계발서의 구절들이 그때부터 구구절절 마음에 와닿기 시작했다. 분명 내 안에 알 수 없는 감정 변화가 일어나고 있었음은 분명하다.

실수할까 봐 무엇을 시도하든 '비판적인 내'가 되어 흘려버린 시간들에 허무함이 몰려왔다. 우리는 누구나 다 각각의 사연들이 있다. 사연이 많은 이들이라면 감당할 수 있는 만큼의 힘겨움을 우리에게 경험할 수 있도록 신께서 주셨을 것이다. 그만큼 내 그릇이 넓어져 나를 통해 남도 이해하고 포용할 수 있을 거라 생각하며 말이다.

자존감 짱 신데렐라 엄마가 되라

여성의 자존감이 무너질 때 들어야 할 〈김미경 신기율의 '여자인생연

구소〉 유튜브 영상 편에서 자존감을 쉽게 이해할 수 있는 캐릭터가 바로 '신데렐라'라고 언급한 부분이 있다. 대부분의 사람들에게 신데렐라 캐릭터는 '신데렐라 증후군'이라는 말이 있을 만큼 자기에게 손을 뻗치는 왕자님을 기다리는 '의존성이 강한 여성'이라는 캐릭터로 많이 인식되어 왔다. 그런데 신기율 작가님이 해석한 이면은 신선하게 와닿는다. 만약 자존감이 낮은 신데렐라였다면 좋은 옷과 구두를 신고 파티에 다녀올 수 있는 상황에 맞닥뜨렸을 때 '이렇게 초라한 내가 어떻게 그런 화려한 파티에 갈 수 있겠어?'라고 생각하며 스스로를 한정 짓고 낮췄을 것이라는 거다. 그런데 디즈니의 신데렐라는 절대 그렇게 하지 않았다. 당당히 파티에 갔고 왕자가 구두 주인을 찾으러 왔을 때에도 숨는 것이 아니라 그 구두의 주인은 나라고! 스스럼없이 자신을 밝혔다. 신데렐라 증후군이 아니라 '자존감 짱 신데렐라'인 것이다.

우리 엄마들도 '자존감 짱 신데렐라'가 된다면 얼마나 좋을까. 자존감은 의존하고자 하는 경향성에서 벗어났을 때 조금씩 생겨난다. 여성 스스로 누군가에게 의존하지 않고 자립적으로 그 무엇이 되었던 어떤 성과를 이루어낼 만한 것들을 조금씩 만들어간다면 자신에 대한 당당함이 생기는 것이다. 이미 의존성이 강하다는 것은 내가 스스로 할 수 있는 것에 대한 범위가 작아지는 것이다. 그런데 여성 스스로가 의존성에 기대지 않고 나 스스로 할 수 있는 것들이 많아진다면 한없이 작고 움츠러들었던 나에 대한 당당함을 드러낼 수 있지 않을까. 그것은 곧 의존함에 기대하지 않는 여성 스스로의 주체적인 '독립성'에서 나오게 된다. 이 독립성은 사회적, 경제적, 정신적인 부분을 포함한다.

얼마 전 인기리에 종영된 〈옷소매 붉은 끝동〉은 역사 속 정조와 의빈 성씨의 관계를 현대적으로 재해석하여 주체적인 여성상을 잘 드러낸 드라마였다는 호평을 받았다. 또한 궁녀인 성덕임의 관점에서 자신의 꿈과 사랑에 당당하려는 현대 여성에 가까운 모습을 구현했다는 평가가 있다. 극중 덕임은 왕과의 로맨스에서도 '사랑을 받아들이면 자신의 의지대로 행동할 수 있다는 여지가 없어진다'는 점 때문에 거절하기를 거듭한다. 덕임은 자신의 뚜렷한 주관을 갖고 스스로의 삶을 주체적으로 선택하려 한다. 이러한 신여성적인 면모는 시청자들이 그녀에게 공감하고 응원하게 만든 것이다. 우리 엄마들도 주체적인 독립성을 가질 때 당당함을 가지게 되고, 그 당당함은 자존감을 향상시킬 수 있는 기반이 되어줄 수 있다.

1929년 영국의 작가 버지니아 울프는 책 『자기만의 방』에서 "자신이 하고픈 일을 하기 위해선 자기만의 방과 연간 500파운드가 필요하다"고 했다. 여기서 자기만의 방과 연간 500파운드에 대한 여러 가지 해석과 의미가 있겠지만, 나는 '나만의 공간(혹은 시간)과 일부 자기 자신을 위한 비용'을 뜻하는 것이라 해석했다. 엄마가 독립성을 가지기 위해선 자신만의 시간과 꿈을 위해 자신에게 투자하는 비용을 아까워하지 말아야 한다.

작년 나는 다시 일어서기를 준비하는 재취업 준비 수강생분들 중 희망자분들과 함께 아침 6시 미라클모닝 한 시간을 매일 가졌었다. 그 시간은 각자 개인마다 꿈꾸는 미래를 위해 자신을 위한 시간으로 활용되었었다. 그 누군가는 독서를, 누군가는 계획하던 자격증 공부를, 누군가는 블로그 글쓰기를 하고 있기도 했다. 무엇을 하든 중요한 건, 이 시간만큼은 그 누구에게도 방해받지 않는 오로지 나만을 위해 쓰이는 시간이라는 점이다. 아직 무엇을 어디서부터 시작해야 할지 잘 모르겠다는 분들도 막연하게 동기부여가 되는 책을 30분만이라도 꾸준히 읽기 시작하면 긍정의 시선이 새롭게 열리기도 한다. 이전에는 '어떻게 내가…' 했던 생각이, 긍정 확언과 함께 자기 자신에 대한 긍정의 마인드가 빼곡히 생겨난다. 이것이 가능할 수 있는 것은 이 시간만큼은 '나 자신'에게 집중하는 시간이기 때문이다.

자존감을 높이기 위한 긍정의 씨앗을 키우고 싶다면, 긍정의 씨앗을 인풋해주는 시간이 반드시 필요하다. 꾸준한 인풋이 있어야 아웃풋도 생기기 때문이다. '자존감 짱 신데렐라' 엄마가 되고 싶은가? 그렇다면 자신만의 시간과 꿈을 위해 자신에게 투자하는 비용을 아까워하지 말아야 한다. 스스로를 위하여 그리고 아이들을 위하여 그렇게 해야 한다. 엄마 인생에서 스스로의 주제를 갖지 못하면 자존감을 키울 기회를 버리는 것과 같다. 엄마의 자유와 용기를 갖추게 된다면 자존감은 어느새 조금씩 훌쩍 커 있을 것이다.

작은 성취감의 반복이 자존감을 높인다

"작게, 구체적으로 시작하라. 그렇게 시작하기만 하면 마스터의 길로 들어서게 된다." -『작은 몰입』, 로버트 트위거

혹시 최근 3년 이내에 성취감을 느낀 경험이 있는가? 있다면 어떤 경험이 있는가. 엄마의 예기치 않게 시작된 경력단절 기간은 성취감의 부재와 불안감과 싸우는 일인 것 같다. 생각해보면 직장 다닐 때에는 이러한 작은 성과들이 지속적으로 쌓이는 경험을 하게 되기 때문에 자존감이 쉽게 떨어지진 않는다. 회사에서는 처리해야 될 일들을 실행하면서 상사나 회사의 인정을 받는 순간도 있고 작은 성과들이 쌓이면 더 큰 과업과 프로젝트에 도전해볼 용기가 생기게 된다. 경험과 경력의 하모니가 이뤄지는 것이다.

반면 엄마의 자리는 그러한 작은 성과들을 경험할 일이 현저히 줄어들게 된다. 집안 살림과 아이들 케어는 그냥 엄마가 해야 할 당연한 것으로

여겨지고, 성취감이 느껴지지 않는다. 연차가 쌓일수록 얻는 사회적 인정이나 성과 체제도 없다. 성취감을 맛볼 경험이 거의 없기 때문에 있던 자존감도 자연스럽게 떨어진다. 그런데 자존감이 현저히 떨어진 상태에서는 두려움을 밀어낼 힘이 많이 떨어지게 된다. 때문에 내 안의 현저히 떨어진 자존감을 조금씩 단계를 높여가야 한다. 자존감은 '작은 성취감'을 통해 조금씩 회복시켜 나갈 수 있다. '나도 해낼 수 있구나'라는 가시적인 성과들이 하나씩 생기면 새로운 것에 도전할 힘이 생기는 것이다.

처음 시작은 독서와 자격증 공부였다. 성취감을 맛보기 위해서 시작한 것은 아니었지만 엄마로 살면서 아이들과 함께하며 단지 나를 찾고, 나의 일을 찾고 싶다는 절실함이 주어진 하루하루에서 어떻게든 무언가를 하게 했다. 내 인생에 주제가 생기고 방향이 보이니 생기는 것은 주어진 하루 시간에 대한 소중함이었던 것이다. 정신없이 그냥 하루하루 바쁘다는 핑계로 흘려버리는 하루가 아까웠다. 중요한 것은 단순히 공부나 독서든 인풋만 한 것이 아닌 아웃풋을 하기 위한 작은 도전들을 실천해갔다는 것이다. 직업상담사 자격증 취득 후 직무계발을 위해 주말 토요일마다 진행되는 직업상담사 실무 양성 3개월 과정에 참여하기 시작했다. 어린아이 둘 엄마로 토요일 오전 10시부터 오후 5시까지 거의 반나절 진행되는 교육을 매주 3개월간 참여한다는 것이 쉽지 않았지만 앞으로 나의 커리어를 위한 주말 하루 정도의 투자는 필요하다고 생각했다. 3개월

교육 과정이 마무리되고 있던 어느 날, 교육을 진행해주시던 강사님에게 연락이 왔다. 하루 3시간 재택으로 가능한 취업상담사 일자리가 있는데 한번 면접을 봐보지 않겠냐고 말이다. 할렐루야를 외쳤다. 물론 나는 면접을 보았고 다행으로 최종 합격되어 직업상담사로의 입직을 시작할 수 있었다.

　작은 성취감의 시작이었다. 일단 '시작'을 하고 현재 내 상황에서 실행해볼 수 있는 도전과 '작은 성취감의 반복'이 조금씩 자신감을 갖게 했던 것이다.

　『아주 작은 반복의 힘』의 저자 로버트 마우어는 "우리의 뇌는 변화에 저항하도록 프로그램 되어 있다. 새 직장을 얻으려 할 때나, 새로운 만남을 가지려고 할 때도 편도체는 우리 몸에 경고를 보낸다."라며 사람의 두려움을 뇌의 변화 저항 프로그램에 비유해 설명했다. 사람은 누구나 무언가에 대한 시작과 도전 앞에 두려움이 있다. 자존감이 한층 낮아진 엄마들의 경우 특히 이 저항 프로그램이 더 굳고 견고하게 자리 잡혀 있는 듯하다. '시작' 앞에서 늘 돌아갈 안전지대를 세워놓고 맴돌고 있는 것이다. 나 또한 생각은 많으나 늘 실행력이 매우 부족한 사람이었다. 두려움이 늘 먼저 앞서기 때문이다. 언제나 늘 나에게 안전한 마지노선을 두었었다. 하지만 경험으로 이 한계를 극복하기 위한 방법은 의도적인 실행 환경을 두는 것밖에 방법이 없다. 일단 출사표를 던지고 이후 할 수밖에 없도록 하는 것이다. 그리고 가시적인 성과들을 통해 '작은 성취감'을 쌓아올리는 것이다.

자존감이 한층 낮아진 엄마들에게 필요한 것은 일단 '시작'과 '작은 성취감'의 반복이다. 이것저것 여러 자격증은 취득했는데 막상 활용하지 않고 장롱 면허처럼 가지고만 있는 분들이 많다. 일정 기간의 인풋도 물론 매우 중요하다. 어느 정도 나의 그릇에 인풋이 되어야 지식과 나의 성찰이 버무려져 무르익기 때문이다. 하지만 인풋과 함께 조금씩 실행되어야 할 것은 아웃풋이다. 인풋만 지속적으로 하게 되면 언젠가는 지치게 된다. 하면서 때로 즐겁고 지식이 차고 깨닫게 되는 즐거움은 있지만, 그것은 단지 즐거움과 깨달음일 뿐이었다. 내가 성장하고 변화하고 앞으로 나아가고 있다는 가시적인 이정표가 있어야 한다. 작은 성과들이 쌓여야 더 큰 도전을 하게 되는 힘이 생긴다.

이 이정표는 '스몰 스텝'과도 같은 것이다. 엄마들은 이러한 경험을 해볼 수 있는 환경에 의도적으로 나를 놓아야 한다. 엄마가 시도해볼 수 있는 스몰 스텝은 무엇이 있을까. 감사 일기나 일상의 나를 기록하는 것에서부터 시작해볼 수도 있다. 자신만의 일기장에 혹은 블로그에 100일간의 자신의 성장 기록을 남기고 완성해보기와 같은 꾸준한 습관으로 완성시킬 수 있는 것은 다 좋다. 무엇부터 시작해야 할지 모르겠다는 분들은, 일단 지금 내가 평소 배우고 싶은 취미나 관심 가지고 있던 자격증, 인터넷 강의 완강하기 등에 도전해보는 것도 좋다.

배움의 작은 성취감을 맛보았다면 이제는 활용해볼 수 있는 다음 스텝으로 도전해보자. 배우고 취득한 자격증으로 꼭 어딘가에 취업만 하는 것이 답은 아니다. 관심 있는 주변 사람들에게 재능기부를 해보며 나의 가능성을 탐색하고 강점을 찾아내는 과정도 매우 중요하다. 이 과정 안에서 새로운 경험들을 통해 일상의 즐거움이 시작이 된다. 나의 재능이 누군가에게 도움이 되고 칭찬과 인정과 같은 결과물이 나올 때 진정한 성취감을 느낄 수 있게 된다. 그리고 알게 될 것이다. 어느덧 내 안의 자존감 씨앗이 싹을 틔워 열매를 맺어가고 있었구나를. 나도 모르는 사이 움츠려 있던 나에게 새로운 경험을 하도록 했고, 나의 가능성을 탐색해보며 다른 사람에게 영향을 주었고, 칭찬을 통한 강점을 새롭게 발견하게 되었으며, 나는 나 스스로를 가치 있는 존재로 점차 인정하고 존중해주었다는 것을 말이다.

3

커리어는 하늘에서 뚝 떨어지지 않는다

"코치님, 저 얼마 전 아이들 영어보조 강사로 취업한 학원에서 아이들 영어독서지도 수업도 진행하게 될 것 같아요. 또 학원이 수학으로도 과목 확장을 하려 하는데 원장님께 제가 초등수학지도 자격증 공부를 하고 있다 하니 수학도 기회를 주시려 하는 것 같아요. 꿈으로 생각했던 일들이 현실이 되니 너무 요즘 설레요~"

커리어 코칭으로 3년째 인연을 맺고 있는 지혜 씨(37세)의 이야기다. 지혜 씨를 처음 보았을 때가 아직도 기억난다. 건강 문제와 육아로 인해

한눈에 봐도 많이 지치고 힘들어 보였던 그녀다. 그런 가운에서도 사회에 진출하고자 하는 절실함과 열망이 매우 컸던 그녀다. 결혼 전 다양한 재능으로 직장생활을 했던 그녀도 결혼 후 육아와 함께 엄마로서의 경력을 이어가고 있었다. 지혜 씨는 아이가 아직 많이 어려서 재택근무나 시간에 탄력적인 일을 원했었다. 초반 재진입해볼 커리어 목표 설정으로 한참을 고민하던 지혜 씨는 결혼 전 잠깐 초등영어 교육을 지도한 경험을 살려 영어교육지도사로 목표를 잡았다. 방향을 설정하고 구체적인 분기별 목표를 잡은 후에는 분야에 필요한 자격증 취득과 스터디를 했다. 또한 공부만 한 것이 아니라 자신의 SNS 브랜딩도 시작하고, 아이 영어에 관심 있는 엄마들을 모아 영어 재능기부 수업도 진행했다. 코로나가 한참 기승이었던지라 물론 모든 수업 과정은 온라인으로 진행이 됐다. 그런데 아이들 학습 교육에 관심을 가지다 보니 창의수학지도에도 관심이 생겼고 수학지도사까지 확장하여 준비하게 된다.

좀 더 다양한 실전 경험과 자신감이 필요했던 지혜 씨는 영어강사로 취업하고 준비하던 수학지도까지 해볼 수 있는 기회를 가지게 되었다. 지혜 씨는 준비하여 도전하고 기회를 만들어간 아주 좋은 사례이다. 물론 그 과정 안에는 지혜 씨도 도전하는 것에 대한 두려움과 적당한 스트레스가 함께했을 것이다. 하지만 현재 상황에서 할 수 있는 것들에 도전하고 실행하는 힘은 곧 '기회'로 찾아오게 된다.

"Connecting the Dots!"

애플의 창시자 스티브 잡스가 스탠포드 대학 졸업식의 연설 중 한 명언이다. 즉, 우리는 미래를 내다보며 점(Dots)을 연결(Connect)할 수는 없지만 그 점들이 어떻게든 미래에 연결된다고 믿어야 한다는 메시지를 전달하고 있는 것이다. 여기서 방점은 Dots가 아니라 'Connect'에 있다. 점은 점으로만 존재하지만, 점과 점 사이의 연결은 새로운 또 다른 점을 만들어낸다.

누구나 현재 내가 선택한 선택지에 대한 불확실함을 가진다. 신중하게 고려하고 선택한다고는 하나 이것이 미래의 나에게 큰 효용성과 가치를 줄까 의심쩍어하기도 한다. 하지만 그 선택과 실행은 생각하지 못한 미래의 가능성의 연결을 언젠가는 만들어낸다.

초기 직업상담사로 첫 입직을 시작했을 무렵 재택근무의 한계를 벗어나 좀 더 내가 해볼 수 있는 일이 무엇이 있을까를 생각하고 찾아보기 시작했다. 직업상담사로 국한하지 않고 무언가 좀 더 확장해서 할 수 있는 일은 없을까를 고민해보다 어느 날 현재는 커리어 코치이자 강사로 활발하게 활동하고 있는 잡코리아 성공인 인터뷰 기사를 보게 되었다. 커리어 코치이자 강사라니?! 무언가 희뿌연 구름이 걷혀지는 느낌이었다. 그분의 이력을 살펴보니 경력의 첫 스타트가 그 당시 한 평생교육원에서 진행하는 '자유학기제 커리어디자이너' 양성 과정을 통한 중학교 진로 강의였음을 알게 되었다. 아…, 커리어 분야로 이런 일을 할 수도 있구나를 처음으로 알게 됐다. 학교 강의면 아이들 등원 후 낮 시간에 탄력적으로 일하기 좋겠다는 생각이 들었던 것이다. 또한 진로 교육이라니. 무언가 새로운 것을 해볼 수 있다는 것에 급 가슴이 설레기 시작하며 관련된 과정을 찾기 시작했다.

또 하나의 도전의 점이 새로운 커리어로 연결되고 이어졌던 것이다. 내가 시작부터 하지 않았다면 이런 일들에 도전이 가능했을까. 현재의 상황에서 내가 할 수 있는 것들에 일단 도전과 실천의 반복이 또 다른 꿈을 그리게 한다는 것을 알게 되었다. 여행을 할 때에는 목적지를 알아야 여행의 길을 떠날 수 있다. 하지만 목적지가 없다 해서 여행을 못 할까? 일단 가다 보니 내가 좋아하는 길도 알게 되고, 내게 맞는 진로를 따라간다. 그러다 보면 어느덧 생각지도 못했던 좋은 장소에 들르기도 하고, 여기가 좋으면 한참을 머물기도 한다.

커리어는 하늘에서 뚝 떨어지는 것이 아니다. 처음부터 명확하게 보지 않고 가도 괜찮다. 하나의 점만 찍고 시작하면 배회도 하고 한참 머물 수도 있지만 멈추지 않으면 어찌됐든 가기는 하니까 말이다. 도전과 실패 속에 점들이 연결되면 그것이 곧 엄마, 당신의 커리어로 완성되어갈 것이다.

익숙한 것에서 벗어나 나다움을 찾아서

육아기 전업 엄마의 하루 시간은 아이들 등원 · 등교한 낮 시간과 이후 하원한 이후의 하루로 크게 이등분하여 보내게 된다. 나 또한 첫째 아이를 낳고 둘째를 가진 임신기에는 첫째를 어린이집 등원시키고 난 이후 낮에 아이 없는 시간 속에서 반 살림 반 자유부인으로 지내기도 한 시절이 있었다. 그러다 처음 아이가 학교에 들어갔을 때에는 나도 처음 학부모가 된 입장인지라 같은 반 아이들 생일 초대 모임, 학부모 모임 등 빠지면 안 될 것 같은 불안함에 신경을 쓰며 참여했었다.

초기 아이 적응 기간이 지난 후에는 몇몇 친해진 엄마들과의 오전 커피 타임이 종종 생기기 시작했다. 그러나 커피 한잔에서 똑같이 반복되는 육아 얘기, 아이들 학원 얘기의 반복 속에 더 이상 동화되지 못하는 나를 발견하기 시작한다. 그 당시 마음 맞는 이들과 어울리고 즐겁게 커피 한잔으로 육아 스트레스를 충분히 풀어도 좋았을 텐데, 난 왜 그 시간을 즐기지 못했던 것일까. 생각해보면, 그 마음은 '불안'에서 비롯된 것이었음을 알게 된다. 순간의 입 간지러움을 털고 스트레스를 푸는 것으로 그칠 것을 알고 있었기 때문이다.

『익숙한 것과의 결별』의 저자 구본형은 "미래를 준비하는 가장 확실한 방법은 미래를 만드는 것"이라 했다. 나에게도 미래를 만드는 시간이 필요했다. 변화의 방향을 읽어 노력을 더하고, 익숙한 것과의 결별이 필요한 시점이었던 것이다. 난 분명 무언가 '변화'를 원하고 있었다. '변화'를 원한다면 '만나는 사람'과 '항상 가던 장소'를 다르게 하라 하였다. 공부해서 따둔 자격증을 활용하기 위해 관련된 각종 평일과 주말 교육 과정에 신청해서 다니기 시작했다. 대부분 코치, 강사를 준비하는 분들 혹은 현직에 계신 분들이었기에 다양한 분야의 사람들을 만날 수 있었다. 새로움을 배워가고, 새로운 사람들을 만나는 그 시간들에서 꺼져가던 내 열정이 불타오르기 시작함을 느낄 수 있었다.

그때 생각했다. 내향적 성향의 '나'라고만 생각했는데, 어떻게 이런 다양한 사람들과 만나고 교류하고 만나는 게 이렇게도 흥미롭고 설레지? 하고 말이다. 하루하루가 너무나 새로웠고 새로운 분야의 사람들을 만나는 게 즐거웠다. 관성에 젖은 도돌이표 이야기가 아니라 '배움'과 '성장'의 키워드를 가진 모임이라 그 시간을 즐길 수 있었던 것이다. 퇴사 전 직장생활로 알게 된 모임과는 또 달랐다. 직장생활은 해야만 하는 의무적 관계였다면, 배움의 네트워크에서는 '자발적'이고 보다 '능동적'인 관계였다.

커리어 코칭 몇 달 후 대면하게 된 분들께 그동안의 계획한 목표들을 점검해보는 과정에서 보면 주어진 시간을 어떻게 활용했는지에 따라 전후가 크게 바뀜을 알 수 있다. 엄마의 시간은 어찌 보면 단조롭고 변함이 없는 하루이다. 그런데 이렇게 똑같이 주어진 하루 24시간 주어진 시간을 누군가는 이전과는 달리 쓴다. 변화해야겠다고, 다시 일어서야겠고, 생각이 든다면 이전과 똑같은 하루의 시간을 써서는 변화할 수가 없다. 도돌이표 이야기로 매일 같이 수다 떠는 시간을 멀리하자. 만나면 에너지가 축나는 사람이 아닌 만나서 긍정적 에너지를 만들어내는 사람과 모임에 나를 맡기자. 이전의 익숙한 시간, 익숙한 사람들과의 결별을 선언해보자. 나의 관심 분야의 시간 안에서 성장의 해시태그가 실어진다면 분명 조금씩 변화의 흐름을 타게 될 것이다.

천직을 찾는 그대에게

취업 및 커리어 코칭으로 많은 분들과 대화하면서 느끼는 것은, 그 어느 누구도 제로베이스에서 찾아오진 않는다는 것이었다. 자신에 대해서 어느 정도 알고는 있지만 자신의 생각에 대한 확신을 찾고 싶은 분들이 사실 더 많다. 그들은 또한 지금 이 시점에서 누군가에게 자신의 생각과 선택에 공감과 지지를 받고 싶어 했을 것이다. 일전에 나 또한 커리어 코치에게 상담을 신청하여 확신과 공감을 받고 싶었던 것처럼 말이다.

그들의 고민은 '이 일이 나에게 맞는 일일까?', '이 일을 내가 지속해서 앞으로도 할 수 있을까?'이다. 그래서 여러 가지 적성 및 심리 검사들을 하며 자신의 특성을 파악해보기도 한다. 나 또한 코칭을 위해 홀랜드, 버크만, 에니어그램 등 각종 성격 유형 검사 도구를 종종 사용한다. 커리어 진단 심리 검사 도구를 통해 상대방의 특성을 미리 알면 라포(공감대) 형성에 도움이 된다는 장점이 있기 때문이다.

자신에게 딱 맞는 천직을 찾기 위한 과정 중 내가 좋아하는 일, 잘할 수 있는 일을 찾아야 한다고 많은 커리어 이론 분야에서 나오고 있다. 사실 그런데 이것이 그렇게 쉽지 않다. 물론 거쳐가야 하는 과정 중 하나인 것은 분명하다. 이러한 나 자신을 이해하는 과정은 앞으로 나의 커리어와 나의 퍼스널 브랜딩을 위해서라도 필요하기 때문이다. 다만, 어느 정도 나를 파악하고 알았다고 해서 바로 그 순간 '내 일', '내 천직'이 운명처럼 나타나는 건 아니다. 코칭을 진행하면서 항상 드리는 얘기가 있다. 진단 검사 결과는 나를 파악하기 위한 참고용으로만 활용하시고, 지금 이 순간 바로 할 수 있는 일을 시작하시는 게 좋다고 말이다.

지금 내 머릿속에서 구상하고 있는 것, 할까 말까 고민하고 있는 것, 이게 될까? 하고 생각만 하고 있는 것들을 일단 시작하시라고 말이다. 왜냐하면 내가 예전에 누군가의 '해보라고, 할 수 있다고' 용기 1%의 공감과 지지가 필요했듯이 그들에게도 어쩌면 지금 필요한 건 조언보다는 응원과 지지의 한마디가 아닐까 싶어서이다.

보이는 길 그대로 걸어가는 것도 한 방법이다

나 자신에 대한 탐구와 늘 질문을 달고 살던 나 또한 나의 천직을 찾아 헤맸었다. 어느 분야에서도 특출난 재능이 없다고 생각했어도 이러한 나 또한 분명 열정을 가지고 할 수 있는 일이 있을 거라는 믿음으로 말이다. 번아웃과 슬럼프로 회사, 집을 오고가던 20대 시절에도 늘 내 꿈의 직업은 무엇일까란 생각은 달고 다녔었다. 하지만 지금 생각해보면 열정을 발견한 일을 시작한 것이 아니라 일을 하면서 열정과 재능이 만들어진 것이었다.

일전에 배우 전무송 씨가 방송에서 이런 비슷한 이야기를 한 장면을 우연히 보게 됐다. 배우 전무송 씨는 잘나가던 공기업을 그만두고 배우의 삶을 선택하게 되지만 현실은 녹록치 않았다고 한다. 배우로서의 삶은 여전히 힘들었고, 기쁜 날보다 힘든 날이 더 많았던 것이다. 수많은 시간들 안에서 도전과 실패의 경험을 한 그가 말한다.

"근데도 꾸준히 오르다 보니 그 시간이 내 재능이 되더라구요. 좌절하고 일어나는 중에 얘깃거리가 생긴 거예요."

물론 선천적으로 타고난 '재능'이 있는 사람들도 분명 있다. 그런데 나는 이 타고난 재능보다 만들어지는 '재능'에 대해 솔직하면서 현실적인 얘기를 하고 싶다.

한동안 나는 현재의 내 직업을 갖기까지 정말 숱하게 많은 날을 돌고 돌아 시간을 낭비했다고 생각했다. 대학 학부 전공 선택부터 이전의 직장 생활까지 현재의 '업'과는 큰 상관성이 없었기 때문이다. '내가 왜 그때 그 학과를 선택했을까', '내가 왜 그때 그 일을 했을까?', '좀 더 빠른 선택을 했으면 좋았을 텐데….'라는 생각을 하며 말이다.

그런데 지금의 내가 하는 직업은 이전의 수많은 나의 경험들이 있었기에 더 가치로울 수 있었음을 나중에서야 깨닫게 됐다. 우선 쌓이고 쌓인 경험들에서 '할 수 있는 것'들이 많아졌다. 10년간의 직장 내 직무 역할에서 수행했던 업무 역량과 방식들을 어느덧 현재 직무에서 자유자재로 활용하고 있었던 것이다. 기획서 및 강의 계획서 등 각종 양식서 작성하기,

강의안 작성, 업무 프로세스 단장하기, 회의 주관하기, 프레젠테이션, 업무 조율하기, 업체와 커뮤니케이션하기…, 하다못해 업무 이메일을 주고받을 때의 내용 형식까지도 말이다. 그 당시에는 정말 하나부터 열까지 바닥부터 배워가며 일했기 때문이다. 이전에 이런 숱하게 다져진 경험이 아니었다면 나는 현재 이 일에서 역량을 발휘하기까지 좀 더 오랜 시간이 걸렸을 것이다.

또 한 가지는 쌓이고 쌓인 경험들에서만 할 수 있는 '얘깃거리'가 생겼다. 크고 작은 다양한 기업과 다양한 근로 형태를 경험했기에 직장과 직장 내 인간관계의 생태계를 이해하는 폭이 크다. 때문에 직장 내 상사 및 동료와의 갈등, 직무 적성에 따른 회사생활의 어려움, 이직 및 전직에 대한 어려움을 이해하고 코칭이 가능한 것이다. 또한 나도 엄마로서 경력단절의 시기를 겪고 나의 일을 찾아가기까지 여러 '뻘짓'과 경험들을 했다. 육아와 일 사이에서 넘나드는 고단함과 갈등을 경험했다. 엄마인 그녀들과 나눌 수 있는 또 하나의 '얘깃거리'가 생긴 것이다. 재능이라 생각해서 했던 일이 아니라, 하면서 열정이 생기고 조금씩 그것은 나의 새로운 '재능'이 되었다.

천직을 찾는 요행은 없다. 또한 쓸데없는 경험은 없다. 자신의 꿈을 찾아 억지로 끼워 맞추기보다는 마음을 내려놓고 현재의 상황에서 조금 더 가슴 뛰는 일, 조금 더 즐기는 일을 찾아 보이는 대로 가보는 것도 한 방법이다. 20년 전의 내가 지금의 내 모습이 될 것이라 상상도 못 했듯이 말이다. 꿈을 그리는 것은 좋지만 미래의 내가 어떤 모습이 되어 있을지는 아무도 모른다. 평생직업, 나의 천직을 찾고자 하는 굴레에서 벗어나, 지금 보이는 길 위에서 내가 해볼 수 있는 일부터 시작해보자.

"If you don't know where you're going, just go!"

『이상한 나라의 앨리스』에서 나오는 말이다. '어디로 가야 할지 모르겠다면, 그냥 가라.' 배는 항구에서 더 안전하지만 그것이 배의 존재 이유는 아니다. 바다에서 항해하며 폭풍우도 견뎌보고 바다에 있을 때 비로소 가치가 있을 것이다. 문이 아무리 많아도 열지 않으면 그냥 벽이듯이, 되도록 많은 벽을 두들기고 많은 문을 열어보는 호기심과 용기가 우리 엄마들에게 필요하다.

지금의 나는 더 이상 내 꿈의 직업을 찾아 헤매지 않는다. 지금 내 눈앞에 보이는 길 그대로 걸어가다 보면 알지 못했던 새로운 길이 보인다는 것을 이제는 알기 때문이다. 지금 내가 해야 할 일은 지금의 있는 그대로의 나다움을 가지고 지금 내가 하고 싶고 할 수 있는 일을 충실히 해내는 것이다.

속도가 아니라 방향이 중요하다

"뭔가 시작은 해야 할 것 같긴 한데, 아이가 아직 너무 어려서요. 경력 단절 기간이 너무 길어지면 다시 시작할 수 있을까, 너무 늦은 건 아닐까 때론 불안하고 걱정돼요."

리스타트를 준비하는 엄마들은 마음이 그냥 조급하다. 뭔가 다시 시작을 해보려고는 하지만 아직 돌봄을 많이 필요로 하는 육아기 엄마의 경우 아이가 마음에 걸린다. 엄마는 '아이'와 함께하는 시간 안에서 또 '엄마의 꿈'을 찾고 실현시키기를 원한다.

초반의 나도 아이들 등하원 시간과 방과 후 케어해야 하는 시간들 속에서 마음은 늘 조급함이 몰려 들었었다. 함께 공부한 동료들은 치고 올라가는데 나는 늘 제한된 시간 내에서 해야 하다 보니 조바심이 났었던 것이다. 하지만 그렇다고 일만 잡고 승승장구하고 싶지도 않았다. 그렇다고 해서 내가 행복하진 않다는 것을 알았기 때문이다. 돌아보면 그 또한 내가 일과 가정 안에서 '균형'과 '조화로움', '성장'이라는 가치관이 있었기에 그렇게도 마음이 조급했었구나를 깨닫게 된다.

나의 가치관 키워드를 찾고 알게 되니 찾아온 것은 마음의 '여유'였다. 균형과 조화로움이 나의 가치관이라면 빠르게 갈 필요는 없는 거라고 조급할 필요는 없는 거라고 셀프 코칭을 하며 내 마음을 챙길 수 있었던 것이다. 때문에 나는 엄마들이 자신만의 커리어 가치와 신념을 가지고 리스타트를 준비해보면 좋겠다.

엄마의 커리어는 속도가 아니라 방향이 중요하다. 멈추지만 않고 자신만의 속도로 내가 그려놓은 커리어 로드맵을 따라 걸어가면 된다. 보통 커리어 모형을 제시할 때 장기적인 관점으로 가는 게 좋다고 하는데, 특히나 엄마의 커리어는 이러한 장기적인 관점으로 바라보고 내가 추구하고자 하는 커리어 방향성에 좀 더 무게를 싣고 가는 게 필요하다. 엄마는 자신만을 위하여 '일'을 꿈꾸진 않는다. 늘 그 안에는 내 '아이'를 염두에 둔다. 그렇다 보니 결혼 전보다 직업 선택에 있어서 제한적이게 되고 선택의 폭이 훨씬 좁아진다.

때문에 육아기 엄마의 커리어 로드맵을 세울 때에는 내 아이의 성장 그래프에 맞춰 세워서 장기적으로 꼼꼼하게 준비해가는 게 필요하다. 대부분 엄마의 경력단절 공백이 아이 육아기 혹은 취학 후 교육 집중 시기에 생기는데, 이러한 점을 미리 염두에 두고 아이에게 좀 더 집중해주고 싶은 기간이 언제부터 언제인지, 우리 아이 취학 시기별 연도를 기재하며 생각해보면 좀 더 구체적이고 현실적 방안으로 계획을 세울 수 있다. 막상 계획을 세워놓고 현실적 상황에 부딪히는 리스크에 대한 대비가 가능하기 때문이다.

예를 들어, 나의 경우 둘째 아이를 어린이집 보육이 가능한 돌 무렵부터 오전 3시간 어린이집을 보내고 도서관에 가서 자격증 공부와 책을 보았으며, 오후까지 보육이 가능한 4~7살 무렵부터는 재택근무와 한 달에 3~4회 출강을 나갔었다. 필요한 교육이수사항은 주말에 남편에게 아이들을 맡기고 가서 이수했다. 또한 둘째 초등학교 취학 전에 대학원에 진학하여 석사 과정까지 마무리했다. 경험상 아이가 어린이집에 있을 때가 가장 시간에 제한을 받지 않기에 육아기 엄마의 재도약 준비기로 좋다. 어린이집의 경우 종일 돌봄이 가능하기 때문이다. 아이가 갓 초등학교에 들어가게 되면 신학기에는 아이의 학교 적응과 학부모 모임 등 오히려 엄마가 챙겨주어야 할 것들이 생긴다. 1학년은 학교도 대개 12시면 하교다. 학원으로 하루 종일 보내기에는 너무 이르고 1학년이면 아직 어린지라 걱정이 된다.

이렇다 보니 초등학교 입학한 초반에는 엄마가 자녀를 챙겨주기 위한 파이가 좀 더 늘어난다. 또 그 상태가 계속 가는 것은 아니다. 아이도 점차 학교에 적응하고 방과 후 수업 등 하교시간이 늦춰지고 아이 스스로 학교 하교가 가능한 시점이 오면 엄마는 하루의 시간을 좀 더 자신에게 가용할 수 있게 된다. 탄력적인 근무 형태가 가능한 프리랜서나 재택근무, 창업, 혹은 학업을 준비하는 엄마의 경우 내 자녀의 성장 나이에 맞춰 구체적인 계획을 단계별로 넣을 수 있을 것이다. 그러다 자녀가 더 성장하게 되면 엄마의 커리어 영역에 좀 더 파이를 크게 잡을 수 있게 될 것이다.

이렇듯 엄마의 커리어 플랜은 장기적 관점으로 보고 가야 한다. 바로 눈에 보이는 성과가 드러나지 않는다고 마음을 급하게 먹지 말아야 한다. 다시 한 번 말하지만 빠르게 가는 것이 중요한 게 아니라 '방향'이다. 나에게 맞는 내 '일'을 찾기 위한 목적을 가지고 여러 경험과 뻘짓을 하는 것과 목적 없이 단지 배회하는 것은 매우 다르다. 목적을 가지고 하는 것은 어떠한 경험이든 하나의 길로 연결이 되지만, 목적 없이 배회하는 것은 자칫 무 경력 경험만 쌓이게 된다. 어디에도 넣을 수 없는 엄마의 이력서가 되는 것이다.

우리 인생의 커리어 과정 설계는 개인차가 있지만 보통 21년 주기의 편종형 곡선의 유효기간을 가진다. 예전처럼 하나의 직업이 노후까지 평생

가는 시대가 아닌 것이다. 경력 공백기를 겪고 재취업을 준비하는 엄마들의 마음의 갈등은 '내가 다시 시작할 수 있을까? 너무 늦은 건 아닐까?'이다. 하지만 우리의 삶에서 직업이 21년 주기로 반복이 되고 있고 전환점을 가질 수 있다면, 지금 우리는 리스타트 지점에 있다고 생각해야 한다. 절대 다시 시작하기에 늦은 때가 아니란 얘기다. 개인별로 주기 차이는 있을 수 있지만 이러한 편종형 커리어 곡선의 흐름을 이해하고 엄마의 커리어는 장기전이라는 마음가짐으로 엄마의 두 번째 명함을 준비해 보자.

Chapter 4

리스타트 실천편
—
커리어 로드맵 워크샵

[자기탐색] 나는 누구인가?

나는 누구인지를 답해가는 과정이 필요하다

만족스러운 직장 및 직업 생활을 위해 많은 이들이 나에게 맞는 직장, 천직, 직업을 찾아 헤맨다. 그리고 구직 활동을 할 때 우리들은 보통 취업시장에 대한 정보를 한 무더기 안고 출발한다. 처음에는 취업시장 정보만 있으면 구직 문제를 해결할 수 있구나 생각하는 것이다. 그런데 이리저리 막상 취업시장에 뛰어들고 보니 나에게 맞지 않은 직무에 대한 어려움이 생기고, 그때부터 이 길이 내 길이 아닌가 싶은 마음에 '나는 누구이고, 어떤 일을 원하는 사람인가'에 대한 질문을 가지기 시작한다. 자세히 보니 취업시장에 대한 정보보다는 나에 관한 정보가 두 배로 더 필요한 것이다.

특히, 육아기 이후 재취업을 위해 구직시장에 뛰어든 엄마의 경우 현실적 경력 공백의 한계로 인해 자신의 흥미 분야나 적성과는 별도로 일단 재취업해보고자 식으로 뛰어드는 경우가 많다. 물론 가만히 있기보다는 많은 경험들도 필요한 건 사실이다. 다만 생계형인 파트 타임과 부업으로 전전하다가는 자칫 무경력 연차만 쌓이는 위험이 있다. 엄마의 경우 두 번째 직업을 구하는 과정이기 때문에 생활비가 급박해서 생계형으로 바로 돈을 벌어야 하는 긴박한 상황이 아닌 이상 '자기 이해 및 탐색'의 단계를 충분히 거치는 것이 필요하다.

자신이 어떤 사람인지 알기 위해선 자기 삶에 대한 '호기심'을 가지는 태도가 필요하다. 호기심은 당연한 것을 당연하게 여기지 않는 마음이다. 주어진 '오늘'을 당연하게 살아가는 것이 아니라 다른 각도에서, 다른 방법으로 접근하다 보면 의문이 생기고 의문은 '질문'을 낳는다. 코칭에서의 핵심은 '좋은 질문'이다. 그렇게 끊임없이 나다움이란, 나의 정체성에 대한 질문을 나 스스로에게 던져보고 답해보는 과정에서 조금씩 '나에 대한 이해'를 넓혀갈 수 있다. 마치 희미한 인생의 길을 비춰줄 빛을 발견하는 것과 같다. 그런 의미에서 직업 및 커리어 설계 프로그램의 첫 단추는 '나는 누구인가'이다. 바로 자신을 바라보는 것에서부터 출발한다.

『영화가 나에게 하는 질문들』의 원은정 저자가 정의한 인문학은 '나는 누구인가?'라는 문을 열고 들어가서 '나는 누구인가'라는 문을 열고 나오는 것이라 하였다. 또 다른 측면에서 정의해보면 '각도를 달리해서 보는 것'이다. 여기에서 아주 인문학적인 질문을 해볼 수 있다.

영화 〈쿵푸팬더3〉에서 보면 쿵푸팬더가 대적할 수 없는 가장 강력한 악당이 나오는데, 그 가장 강력한 악당을 아무리 무찌르려고 해도 주인공은 무찌를 수 없는 상황이 나온다. 그러한 극한의 상황에서 주인공이 이기게 되는데, 그럴 때 악당이 주인공에게 이런 질문을 한다.

"Who Are You?"
"너는 도대체 누구냐?"

'나'라는 사람의 '정체성'을 알아가고 이해하는 과정은 쉽지 않은 여정이다. 나의 정체성을 찾겠다며 갑자기 며칠 간 사색하고 앉아 나는 어떤 사람인가를 고민한다고 해서 며칠 뒤 내가 가야 할 길이 명확하게 보이거나 하진 않는다. 다만 이전의 '나'에게서 내가 좋아하는 것, 나의 성격, 내가 관심 있는 것, 내가 원하는 것 등 조금씩 새로운 이면의 나를 발견하게 된다. 그것은 새로운 도전과 경험으로 또 다른 혼란과 고비를 맞게 되고, 또다시 나의 이해를 탐색해가는 과정을 반복하게 된다. 어쩌면 우리의 삶은 '내가 누구인지'를 찾아가는 여정이지 않을까. 누군가는 그 여정에서 자신에게 던지는 질문을 자꾸만 회피하고 오늘을 충실히 살아간다.

'Carpe diem, quam minimum credula postero.'
'현재를 즐겨라, 가급적 내일이란 말은 조금만 믿어라.'

〈죽은 시인의 사회〉의 주인공이자 명문 웰튼 고등학교에 새로 부임한 영어 교사 키팅은 이 시를 이용해 아이들에게 '현재를 즐기라'고 말했다. 여기서 현재를 즐기라는 것은 단순히 현재에서 즐기며 놀기만 하라는 뜻이 아니다. 열정을 가지고 현재에 충실하라는 말이다. 규율, 명예에 맞춰 살아가던 아이들이 키팅의 말을 이해하지 못하자 키팅은 수업 중 아이들에게 책상 위로 올라가라고 한다.

"어떤 사실을 안다고 생각할 때 그것을 다른 시각에서 봐야 해. 그것이 바보 같고 틀린 일처럼 보여도 시도를 해봐야 해."

틀에 박힌 생각으로만 살지 말고 자신의 인생을 다른 각도에서 들여다보라는 것이다. 자신을 알아가고 이해하는 과정은 이렇게 새로운 시각으로 나를 들여다보는 것과 같다. 내 가슴을 설레게 하는 나의 일을 찾기 위해서는 지금까지 나의 성격, 흥미, 욕구, 가치관, 나의 강점들을 찾아보고 '나는 누구인지'를 답해가는 과정이 필요하다.

그 과정의 안내를 위해 나는 다음 장의 자기 이해를 위한 탐색 과정으로 '흥미'부터 '비전' 탐색 편까지 '영화 속 장면 안에서 질문하고 답을 찾아가는 과정'으로 다뤄보았다.

[흥미탐색] 나도 모르게 관심가는 것은?

좋아하는 일에 따라오는 것! 〈빌리 엘리어트〉

영화 〈빌리 엘리어트〉 주인공 빌리는 가난한 탄광촌에서 태어났다. 아버지는 빌리에게 권투를 가르쳤지만, 빌리는 권투에는 흥미가 없었다. 그러다 어느 날 권투 연습장 바로 옆에서 피아노 리듬에 맞춰 여학생들이 발레를 배우는 모습을 보게 되고, 빌리는 자신도 모르게 살며시 그 무리에 들어가 발동작을 따라 해본다. 누가 시킨 것도 아닌데 스스로 발레 연습에 동참한 것이다.

빌리의 삶을 보면 관심을 갖고 그것에 열정을 쏟아붓는 것이 얼마나 중요한지 알게 된다. 빌리는 발레를 할 때면 극도의 몰입 상태에 다다른다. 춤을 추면 모든 걸 잊을 정도이다. 전류가 흐른 것처럼 짜릿한 기쁨도 맛본다. 그런 경험이 오디션 면접 때 답변으로 나오는 장면이 나온다. 빌리의 열정이 담긴 말들은 오디션에 합격할 수 있던 결정적 요인이 되었다.

"한번 춤추기 시작하면 모든 게 잊혀요. 제가 공중 속으로 사라지는 것 같아요. 마치 내 몸 안이 모두 바뀌어서, 마치 내 몸 안에 불길이 치솟고 난 그냥 거기서 날아가요. 새처럼요."

빌리가 하고 싶은 것을 발견할 수 있었던 것은 관심이 가는 것에 적극적으로 반응했기 때문이다. 주변의 반응이나 사회적 시선보다 자기 마음이 머무르는 곳, 자연스럽게 몰두하게 되는 것에 집중한 것이다. 관심사에 대한 반응이 흥미로 이어지고 흥미는 재능으로 발전했다. 그리고 포기할 수 없는 꿈으로 이어진 것이다. 이것은 처음 관심을 가지는 분야에 반응하는 태도가 얼마나 중요한지 알게 한다.

자신도 모르게 관심이 가는 것이 있으면 저절로 몰입하게 된다. 그것을 배우고 싶고, 해보고 싶어 견디지 못한다. 꽃의 향기와 아름다움을 좋아하는 사람이라면 꽃으로 가치를 실현시킬 수 있을 만한 것들을 알아보고 배움의 노력을 기울일 것이다. 마치 해바라기 꽃이 해의 방향으로 쭈욱 고개가 돌아가는 것과 같다. 좋아하는 일이 생기면 반드시 함께 하는 것이 바로 '열정'이다. 좋아하고, 하고 싶은 일을 발견하고 열정을 쏟으니 인생이 달라지는 것은 분명하다.

그러나 아이러니하게도 우리가 좋아하는 것이 우리의 역량과 꼭 일치하지 않기에 많은 이들이 힘들어한다. 즉 흥미와 역량이 동일선상에 있지 않은 것이다. 때문에 자신이 몰두할 수 있는 흥미 분야나 직업을 아는 것도 중요하지만, 그 업의 '일의 속성'을 파악하는 것이 중요하다.

한 가지 예를 들어보자. 한 청년이 웹툰 〈화려한 식탁〉에서 주인공인 요리사가 '너에게 맛있는 식사 한 끼를 대접하고 싶다.'라는 말에 반해 요리사를 꿈꾸게 된다. 그리고 열심히 요리자격 교육과 실습을 마스터하여

20대 중반에 항공기 기내식 요리사가 된다. 문제는 막상 조리사로 어렵게 취업했으나 일이 너무나 맞지 않다는 사실을 뒤늦게 깨달은 것이다. 하지만 힘들게 선택한 진로인지라 쉽게 뛰쳐나오지 못하고 하루하루 힘들게 출근을 하고 있다. 이 청년에게 필요했던 것은 무엇이었을까? 그리고 필요한 조언은 무엇이었을까?

사실 이 청년이 진짜 하고 싶었던 것은 '누군가를 위로하는 것'이었다. 누군가를 위로하는 방법과 도구는 직업에 따라 다양하다. 요리사는 요리가 될 것이고, 건축가는 아름다운 건축 설계가 될 것이고, 상담사는 상담이 될 것이고, 교사는 교육과 가르치는 것이 될 것이다. 사람들은 특정한 직업을 찾아야 한다는 강박관념이 있다. 이 직업은 단지 내가 하고 싶은 것, 내가 하고 싶은 일의 가치를 전달하는 메신저의 개념으로 보는 것이 좋다. 즉, 내가 어떠한 직업인이 되고 싶다면, 그 직업 혹은 그 일을 하고 싶은 일의 속성을 이해할 필요가 있는 것이다.

나의 첫 직업 흥미의 시작은 직업상담사였다. 그런데 막상 인력개발센터 내 직업상담사의 취업 성공 실적을 챙겨야 하는 행정 업무는 분명 곧 나의 흥미가 떨어질 일임을 알게 되었다. 이후 학교에서 학생들 대상으로 취업·진로 강의를 하면 재미있을 줄 알았다. 그런데 막상 경험해보니 내 일을 하는 데 있어 보다 동기부여가 필요함을 느꼈다. 조금씩 나의 대상도 나의 진심이 전달될 수 있는 대상으로 바뀌어갔다. 그들의 마음을 좀 더 이해하고 공감하고 나의 진심이 전달될 수 있는 다시 일어서기를 간절히 꿈꾸는 여성이었다. 나의 배움과 성장이 그들에게 선한 동기부여가 될 수 있기를 바랐다. 그것이 내가 커리어 코치라는 업을 선택한 내 '일의 속성'이다.

그렇다면 좋아하는 일은 어떻게 찾을 수 있을까

직업 심리학자들은 자신이 어떤 일에 흥미가 있는지 이해하면 자신의 정체성을 찾고 직업을 선택하는 데 도움이 된다고 하고 있다. 흥미는 자신이 좋아하는 일의 유형, 마음을 사로잡는 취미, 진정한 즐거움과 성취감을 주는 활동이나 관심사이다. 특정 분야의 재능이나 기술과 관련이 있는 것은 아니지만 성공적인 커리어와 만족스러운 삶에 중요한 역할을 한다.

영화 속에서 보면 주인공들은 어릴 적부터 무언가 꼭 하고 싶은 특정 직업이나 롤모델이 있다. 모든 사람들이 영화 속 주인공처럼 내가 좋아하는 것, 내가 되고 싶은 직업이 명확하다면 좋을 텐데 막상 내가 어떤 일에 흥미를 가지고 있는지 명확하게 아는 사람은 많지 않다. 이럴 경우에는, 흥미나 적성검사 도구를 통해 어느 정도 도움을 받아보면 좋다. 흥미나 적성, 성격 유형 검사 도구로 많이 활용하는 것은 MBTI, 버크만, 에니어그램, 홀랜드 유형 검사 등이 있다.

자신의 흥미 분야에 대한 것도 다양한 각각의 검사 도구에 따라 자신의 특성을 파악해볼 수 있는데, 필자가 자주 활용하는 버크만에서는 4가지 컬러(color)로 구분하여 10가지 영역별 흥미 분야를 알아볼 수 있다.

[버크만의 4가지 컬러별 흥미 영역]

각 컬러별 선호하는 요소별 특징으로 적합한 직무와 직업군을 찾아볼 수 있는 것이다. 예를 들어, 구상하고 전략적 설계 활동을 좋아하는 Blue 흥미 유형이 높게 나왔다면 새로운 아이디어를 시험하는 일, 프레젠테이션이나 커리큘럼을 글로 쓰고 전개하는 일 등의 활동을 포함하는 직업군을 찾아볼 수 있다.

무료로 받아볼 수 있는 검사 도구로는 워크넷(www.work.go.kr)의 홀
랜드 직업 선호도 검사가 있다. 홀랜드 유형 검사는 현실형, 관습형, 진
취형, 탐구형, 사회형, 예술형의 6가지 흥미 모형을 제시하고, 육각형 모
형 결과를 통해 개인의 흥미 유형 코드와 적합한 직업군을 알아볼 수 있
다.

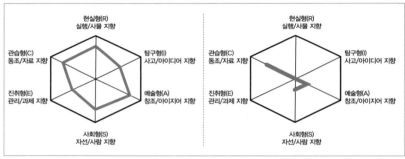

[홀랜드 육각형 흥미 영역 분포도]

자신의 유형별 분포도를 확인해보면 자신에 대한 특성과 이해도를 확
인해 볼 수 있으니 워크넷 직업 선호도 검사로도 한번 확인해보자.

한 가지 유념해야 할 건 MBTI, 직업 선호도 검사로 알아볼 수 있는 것
은 성격과 흥미 영역이다. 이 검사가 자신의 성격과 흥미를 판단할 수 있
는 근거가 되기는 하나, 흥미와 성격만을 가지고 우리의 복잡한 진로 환
경을 이해하기란 어렵다. 개인이 가진 능력과 역량, 가치관 등 '나'의 정

체성을 완성시키는 총체적 영역의 이해가 필요하기 때문이다. 흥미를 꼭 직업군으로 연결 지을 필요는 없다는 것이다.

또한 흥미는 나의 관심사, 에너지를 쏟고 싶은 분야이다. 즉 내가 에너지를 충전시킬 수 있는 한 영역이다. 창작하는 글쓰기 활동을 좋아하는 사람이라면 퇴근 후 책 쓰기 창작 활동을 하며 에너지를 충전할 수 있다. 누군가에게는 스트레스가 되는 글쓰기가 누군가는 자신의 에너지를 충전시키는 한 방법이 되는 것이다. 자신의 흥미 분야를 아는 것은 직업을 탐색해보는 것에도, 에너지를 충전시키는 방법을 아는 데에도 분명 도움이 된다.

또한 검사를 통해 알아보는 것은 자신이 이러한 분야에서 일을 한다면 적어도 다른 영역의 일에서 일을 하는 것보단 덜 스트레스를 받고 적응하여 일할 수 있다는 정도로 받아들이는 것이 좋다.

🔘 나의 흥미 유형 알아보기

1. 나도 모르게 몰입하거나 시키지 않아도 스스로 하게 되는 일은?

----

2. 보수가 적더라도 꼭 해보고 싶은 일이 있다면?

----

3. 하고 싶은 그 일(직업)의 업무 속성은 무엇인가? 나는 그 일을 통해 어떤 가치를 실현(전달)하고 싶은가?

----

* 워크넷(www.work.go.kr)에서 알아볼 수 있는 '직업 선호도 검사'(무료)가 있다. 이 검사로 개인의 흥미 유형 코드와 적합한 직업군을 탐색해볼 수 있다. 자신에 대한 흥미 영역과 자기 이해도를 확인해보고 싶다면 워크넷 직업 선호도 검사로 확인해보자.

3

[강점탐색] 내게 있는 특별함, 강점은?

영화 〈몬스터 대학교〉는 인기가 높았던 몬스터 대학교 주식회사의 비기닝 버전이며 이 영화의 주인공들인 '마이크'와 '설리'의 대학 시절 모습을 그린 영화이다. 이 영화는 몬스터들의 세상을 통해 입장을 바꿔 그들의 삶이 궁금해지는 영화이며, 그 많은 몬스터들의 모습이 저마다 모두다 다르다고 하는 것이 바로 이 영화에서 말하는 핵심이다. 영화 속 몬스터의 존재 이유는 어린아이들을 놀라게 하는 것이다. 아이들에게 두려움을 줘서 아이들의 비명을 에너지원으로 삼는다.

나에게 있는 특별함, 강점은? 〈몬스터 대학교〉

이 영화에 대비되는 되는 캐릭터가 있는데 바로 '마이크'와 '설리'다. 설리는 보기만 해도 무서운 모습의 괴물이다. 그래서 다른 몬스터들이 굉장히 부러워하는 몬스터계의 우등생이다. 반면 마이크는 무섭지는 않지만 공부를 굉장히 열심히 하는 전략가이다. 다른 몬스터들의 장점을 잘 부각시켜주는 재능을 가지고 있다.

자신이 정말로 인간에게 두려운 존재가 아닌지 확인하고 싶었던 마이크는 '인간계'에 발을 들이게 된다. 하지만 인간계의 아이는 마이크를 보며 무서움의 비명이 아닌 몬스터가 귀엽다고 오히려 만지려 하였고, 결과를 확인한 마이크는 상처받게 된다. 이때 설리가 마이크에게 말한다.

"너는 무섭게 생기진 않았지만, 도전하는 것을 두려워하지 않아. 난 무섭게만 생겼지."

이 장면을 보면 설리가 가진 두려움이 드러난다. 무서움의 상징이었던 설리는 몬스터계의 우등생이었지만, 그러한 설리 또한 자기만의 두려움이 있다는 것을 알 수 있는 장면이다. 사람은 모두 자기만의 특별한 재능인 강점이 존재한다. 본인이 잘 자각하지 못하고 있을 뿐이지, 누구나 차별화된 '잠재적 강점'이 있다. 자신은 잘 알지 못하지만 남들은 알고 있는 특별한 '재능'인 것이다.

[버크만의 4가지 컬러별 강점]

버크만에서는 '평소행동'을 '잠재적 강점'으로 보고 있다. 이 강점은 사회화된 모습이며 다양한 상황에서 사람들에게 쉽게 관찰되는 행동 방식이다. 인간관계를 맺을 때 초기에 가장 많이 나타나며 익숙하지 않거나, 예의를 차려야 하는 환경에서도 발견할 수 있다. 때문에 개인의 가장 효율적이고 긍정적인 행동을 나타낸다. 이 강점에 대한 것도 다양한 각각의 검사 도구에 따라 자신의 특성을 파악해 볼 수 있는데, 버크만에서는 4가지 컬러로 구분하여 자신의 강점을 알아볼 수 있다.

하나의 컬러 영역에 집중될 수도 있고, 각각의 컬러별로 강점 유형이 분포되어 있을 수도 있다. 자세한 건 검사 진단을 통해 자신의 컬러 유형을 파악할 수 있지만 꼭 검사 도구가 아니라 하더라도 자신의 강점을 파악해볼 수 있는 방법이 있다. 바로, 평소 나를 어느 정도 알고 있는 사람들을 통해 알아보는 것이다. 나와 함께 일정 기간 동안 근무했던 동료, 가족, 그리고 친구들에게 나의 강점을 물어보다 보면 내가 생각지도 못한 나의 강점을 발견하는 경우도 있다.

자신에 대한 자신감과 자존감이 낮은 사람들의 특징은 본인의 강점보다 약한 이면의 모습을 더 부각하여 생각하는 경향이 있다는 것이다. 사람들은 모두 다 저마다의 개성과 강점이 있기 마련인데, 꼭 남에겐 있지만 나에게 없는 모습들에서 끝없이 비교하고 스스로 그 강점을 발현시킬 성장의 기회를 저버린다.

개인이 가진 강점의 특성은 그 자체로서도 고유의 빛을 발하지만, 함께할 때 그 가치가 더 드러나는 경우가 있다. 바로 '협력'이다. 영화에서 행동대장은 설리이고, 지휘하는 역할은 마이크다. 마이크의 '기지와 전략'과 설리의 '행동력'이 더해졌을 때 이 팀의 힘이 발휘되어 인간계를 벗어날 수 있었다. 또한 이 둘은 향후 몬스터 주식회사에 입사하게 되는데 전략가인 마이크는 '기획부서'로, 설리는 자신의 무서운 모습을 그대로 보여줄 수 있는 '현장부서'로 발령이 되는 장면이 나온다. 이 강점의 특성으로 조직 내 자신의 성향에 맞는 직무 또한 파악해볼 수 있는 것이다. 각 개인이 가진 '강점'으로 팀을 이루고 그 특별함을 발현하여 '협력'이 이루어졌을 때, '업'의 가치는 상생하는 효과로 발휘된다. '나에게 없는 것'이 아닌, '나에게 있는 것'을 찾아내는 것, 그리고 그 강점을 발휘하여 그 업에서 빛날 수 있는 '일'을 찾아내는 것. 이것이 우리가 찾는 나의 일을 찾아내는 또 하나의 '실마리'가 되어줄 수 있을 것이다.

✏️ 내게 있는 특별함, '강점' 알아보기

1. 나와 가장 잘 어울린다고 생각하는 강점 목록을 5~10가지 골라보세요.

보유기술/재능					
타인과의 협력조화	모임에서 사회보기	조언, 상담	간호하기	아이돌봄	주변 환경꾸미기
리더십	데이터 수집	가르치기	운전하기	품질관리	글쓰기
번역	외국어	스포츠 (신체활동)	재무관리	차량정비	인사관리
문서관리	생산관리	물류관리	건축, 건설 관련기술	인쇄, 출판기술	연구개발
매장관리	영어, 마케팅	IT기술	조경, 식물재배	영상촬영, 편집	기계조립
제품수리	정보검색, 수집	패션감각	인력관리, 채용	계약하기	미용기술
도구다루기	기계활용	갈등조정	협상	비평, 논평하기	상담능력
말하기 (스피치)	논리적 분석	학습전략	분야 전문성	사람파악 및 행동조정	판단과 의사결정
문제해결	시간관리	유연성 및 균형성	신체적 강인성		

성격/이미지					
지적인	열정적인	성실한	창의적인	차분한	배려심이 있는
신뢰할 만한	소신있는	유능한	활기찬	자유로운	진실된
이성적인	세련된	지혜로운	도전적인	추진력 있는	끈기 있는
신중한	꼼꼼한	친절한	책임감 있는	리더십 있는	위트 있는
사교적인	자립심 강한	유연한	주도적인	솔직한	일관성 있는
논리적인	분석적인	전략적인	우아한	감각적인	트렌디한

2. 이번에는 가족, 지인들에게 직접 또는 SNS상에서 나와 가장 어울리는 단어를 위 목록을 제시해 보여드리고 골라달라고 하세요. 그리고 가장 많이 나온 키워드 5개를 정리해보세요.

----

3. 일치하는 강점이 있다면 무엇인가요? 마음에 든다면, 혹은 마음에 들지 않는다면 어떤 이유인가요?

----

4. 내가 찾은 3대 강점은 무엇인지 적어보세요.

----

5. 위 강점 행동을 잘 나타낼 수 있는 삶의 경험 스토리를 적어보세요.

----

6. 내가 가장 원하는 강점은 무엇이고, 그것을 위해 어떤 노력이 필요한가요?

[욕구탐색] 나는 무엇을 원하는가?

꿈 대신 내가 원하는 게 무엇인지 묻는 세상, 〈찬실이는 복도 많지〉

영화 〈찬실이는 복도 많지〉는 영화 제목의 '복'이 무엇인지 궁금증을 자아내게 하는 영화이다. 영화를 끝까지 보고 나면 이 '복'은 막막한 현실 속 찬실에게 힘이 되어주는 존재들인 '조력자'임을 알게 된다.

오랫동안 한 감독의 일만 해온 영화 제작 프로듀서인 찬실은 감독의 죽음으로 인해 일을 잃어버리는 것은 물론, 다른 일자리를 구하기도 어려워진다. 생활비로 힘들어진 찬실은 친한 동생 소피의 집에서 가사도우미를 하게 된다. 그러다 우연히 소피의 불어 선생인 김영을 만나게 되고 오랜만에 찬실이는 연애 세포가 되살아남을 느끼게 된다.

이 영화는 찬실이가 어릴 때 좋아한 연예인 '장국영'이라는 판타지 캐릭터와의 만남과 대화를 통해 성장하고 치유해나가는 내용이다. 극 중 장국영이 던지는 질문은 영화를 보는 관객 모두에게 던지는 질문과 같다. 찬실의 어린 시절 꿈을 상징하는 '장국영'은 우리에게 질문을 던진다.

"당신이 진정 원하는 게 뭔지 깊게 생각해보세요."

찬실은 '영화'를 하고 싶다. 그녀가 원하는 건 대중성 있는 작품에 참여하는 것도 아니다. 그저 영화가 하고 싶을 뿐이다. 그런 그녀에게 뜬금없이 나타난 김영은 찬실을 혼란에 빠지게 한다. 내가 하고 싶은 게 '연애'인가 싶어서. 그럼에도 불구하고 모든 걸 다 아는 것 같은 장국영은 그녀의 미래를 점치지 않는다. 그저 그녀가 하고 싶은 대로 하게 두면서 조용히 그녀를 응원할 뿐이다.

찬실은 잘될 거라는 장국영의 말을 믿고 기쁜 마음으로 김영에게 고백하지만 매정한 말로 차이고 만다. 그렇지만 그 웃픈 해프닝에 좌절하지는 않는다. 그 또한 찬실이 진정 원하는 것을 찾고 단단히 하게 만든 계기가 되었으니까 말이다. 장국영의 응원이 아니었다면 그녀가 영화를 계속할 수 있었을까.

영화 〈신과 함께〉의 원작자로 유명한 웹툰 작가 주호민 씨는 본인의 2008년 작 〈무한동력〉의 명대사로 꼽혔던 "죽기 직전에 못 먹은 밥이 생각나겠는가, 아니면 못 이룬 꿈이 생각나겠는가?"가 이제는 부끄럽다고 말하기도 했다고 한다. "꿈이 꼭 없어도 되는데 너무 꿈을 강요한 건 아니었을까?"라고 말이다.

영향력 있는 많은 이들이 모두 '좋아하는 것을 해라' 혹은 '꿈을 찾아라'라는 말을 많이 한다. 하지만 명확한 꿈과 원하는 것은 다른 범주에 있는 것 같다. 원하는 것이란, 위의 주호민 작가의 말처럼 '먹고 싶은 밥'이 될 수도 있다. 보통 '원하는 것'이라고 하면 어떤 특정한 'being' 되는 것, 존재, 꿈, 직업 등을 생각하기 쉽다. 물론 그 또한 나의 원하는 욕구, 원하는 being이 될 수 있다. 그런데 대부분의 사람들이 내가 되고 싶은 게 무엇인지, 원하는 직업이 무엇인지를 명확하게 알지 못하고 두려움을 갖는다.

원하고 바라는 것은 '잠재된 욕구'이기도 하다. 우리는 항상 자신이 원하는 것에 대한 갈증이 있다. 하지만 이것을 겉으로 표현하지 않고, 마음속에 감춰둔다. 겉으로 표현한다고 해서 원하는 모습으로 바뀌지는 않을 것이라고 생각하기 때문이다. 또한 자신의 이러한 욕구적 감정을 잘 모르고 있기도 하다. 버크만에서는 이 잠재된 욕구가 잘 드러나지 않는 것이라 하고 있다. 나무로 보자면 땅속에 있는 뿌리에 해당하는 것이 것이다. 자신이 무엇을 원하는지 '욕구'를 모르는 사람들이 던져야 할 질문이 있다.

'나는 무엇을 원하는가?'
'나는 무엇을 바라는가?'

내가 원하는 것, 욕구를 잘 알지 못하는 사람들은 삶이 혼란해질 수 있다. 모든 인간은 자신의 잠재력을 활성화시키려는 경향성을 가지고 있는데 이러한 경향성을 실현하기 위해서는 자신의 욕구를 잘 지각하는 것이 중요하다. 무의식의 정신분석이 아니라 '지금-현재-여기'에 있음을 '알아차림'이 중요한 것이다. 그렇게 했을 때 인간은 타인 혹은 환경과 잘 접

촉해서 반응할 수 있다.

이 욕구적 자원 파악은 자신이 소속될 조직 및 직무환경을 알아내는 데 용이하기도 하다. 예를 들어,

많은 활동적 업무를 좋아한다.

분명한 상황과 구체적 결과를 원한다.

의욕적 환경과 개인적 인정이 필요하다.

다른 사람들과 함께하는 환경을 원한다.

구체적 지시와 관리, 체계적 환경을 원한다.

나의 감정을 존중해주길 바란다.

일방적 지시보다는 제안하는 방식을 원한다.

일정을 스스로 통제하길 바라며 충분히 생각할 시간이 필요하다.

명백한 지시를 위한 권한을 필요로 한다.

위와 같이, 자신이 원하는 '문제 해결 방식'과 '사람들과의 관계'를 정의해보는 것이다. 이러한 욕구 파악이 잘되어 있을 경우에는 자신이 앞으로 소속될 조직 및 직무 환경을 파악하기가 용이하고, 또한 실제로 그러한 환경에 접해 있을 때 스트레스를 덜 받게 되며 조금 더 유연한 조직 생활을 할 가능성이 높아진다.

우리는 살면서 원하는 걸 찾지 못하고 산다. 하지만 인생이 명확하지

만은 않다. 명확하지 않은 인생에 의미를 찾아가는 것이 삶의 과정이다. 원하는 것이란, 위의 주호민 작가의 말처럼 '먹고 싶은 밥'이 될 수도 있다.

"목이 말라서 꾸는 꿈은 행복이 아니에요. 저요, 사는 게 정말 뭔지 진짜 궁금해졌어요. 그 안에 '영화'도 있어요."

마침내 자신의 꿈에 대한 답을 얻은 찬실이 영화 마지막 장면에서 장국영에게 전하는 말이다. '영화'가 목적이 아니라 궁금한 자신의 삶 안에 '영화'도 있는 것이다. 찬실이가 영화를 다시 시작할 이유가 생긴 것이다. 목적지 자체에 집착하는 건 꿈을 향해 가는 게 아닐 수도 있다. 목적지가 보이지 않아도 자신이 원하는 것을 자신의 의지로 묵묵히 걸어갈 때 원하는 길을 발견하며 성장하는 것은 아닐까.

🖊 내가 원하는 것, '욕구' 알아보기

1. 내가 인생에서 진정으로 원하고 바라는 것은 무엇인가?

----

2. '직장 혹은 직업생활'에서 내가 원하고 바라는 것은 무엇인가?'

----

3. 나는 직장(조직)에서 어떤 대우와 지원을 받기를 원하는가?

✓ 자유롭고 개성을 존중해주는 조직문화
✓ 사무적 대인관계를 지향하고 지시 체계가 명확한 조직문화
✓ 인간적이고 소통이 활발한 조직문화
✓ 조직화되고 체계적인 업무 프로세스가 강조되는 조직문화

5

[가치관탐색] 나는 어떤 사람으로 기억되고 싶은가?

나는 어떤 사람으로 기억되고 싶은가, 〈코코〉

'메멘토 모리'란 뜻을 아는가? 메멘토 모리(Memento Mori)란 '너는 반드시 죽는다는 것을 기억하라'를 뜻하는 라틴어 낱말이다. 사람은 누구나 반드시 죽을 수밖에 없는 유한한 존재임을 기억하라는 뜻이다.

애니메이션 영화 〈코코〉는 이 '죽음'이라는 무거운 주제를 따뜻하고 유쾌하게 풀어나간 영화이다. 영화 속 배경은 멕시코. 멕시코에는 세상을 떠난 가족, 친지를 기리는 '죽은 자의 날'이라는 명절이 내려오고 있다. 그렇게 죽은 자의 날이 되면 죽은 자의 세계에 있는 영혼들은 자신을 기억하는 사람들을 찾아간다. 이 영화는 뮤지션을 꿈꾸는 소년 미구엘이 전설적인 가수 에르네스토의 기타에 손을 댔다가 '죽은 자들의 세상'에 들어가는 것으로 시작하게 된다. 그리고 그곳에서 만난 의문의 사나이 헥터와 함께 상상조차 못 했던 모험을 하게 되면서 '죽은 자들의 세상'에 숨겨진 비밀을 알아가게 되는 내용이다.

영화 〈코코〉는 '기억에서 잊히면 사라진다.'라는 특수한 상황을 설정한다. 한번 죽은 자들은 산 사람들인 가족이나 지인들의 기억에서조차 잊히면 그 영혼은 죽은 자의 세계에서 소멸된다. 때문에 죽은 자의 세계에 있는 '죽은 자'들은 산 사람들의 기억에서 지워지지 않기를 바랄 뿐이다. 영화는 '죽음'이라는 주제를 애니메이션 영화답게 시종일관 유쾌하게 풀어나간다. 때문에 무겁지 않지만 보다 보면 '삶에 대한 유한함'과 '내가 죽었을 때 기억되고 싶은 나의 모습'을 생각해보게 하는 잔잔한 성찰의 장면들이 곳곳에 숨어 있다.

사람이 진정으로 죽는 순간은 사랑하는 사람에게 잊혔을 때…. 사랑하는 사람들을 영원히 기억하고 나 또한 그 사람들에게 영원히 기억되길…. Remember me. - 영화 〈코코〉 관람평(than***)

'사람이 진정으로 죽는 순간은 사랑하는 사람에게 잊혔을 때'라고 남긴 한 관람평을 보고 많은 생각이 교차된다. 나는 진정으로 죽는 순간에 어떤 사람으로 기억되고 싶은지 돌아보게 되는 순간이다. 나는 '어떤 일'을 한 사람이 아니라, 어떤 가치를 남기고 싶은지를 돌아보게 되는 것이다.

당신은 어떤 사람으로 기억되고 싶은가?

'경영의 그루' 피터 드러커는 13살 때 오스트리아 빈의 김나지움(고등중학교)을 다닐 때의 선생님인 필리 글러 신부님으로부터 받은 질문을 평생 기억하며 살았다고 한다. 선생님은 아이들에게 "너희는 무엇으로 기억되기를 바라느냐?"고 물었는데 아이들이 대답을 못하자 웃으며 "지금 대답하지 못해도 괜찮다. 하지만 50살이 되어서도 대답하지 못한다면 그건 삶을 낭비했다는 뜻이다."라고 말했다는 일화가 있다.

『위대한 나의 발견, 강점혁명』에서는 "어떤 사람이 변했다고 하는 것은 성격이 아니라, 가치관이 변했음을 의미한다."라고 했다. 그만큼 '가치관'은 우리 인생의 방향을 설정하는 데 있어 매우 중요한 방점임은 분명하다. 때문에 만일 인생의 변화를 꿈꾼다면 지금 나의 가치관을 되돌아볼 필요가 있으며, 지금까지 내 인생에 가치관이 정의되지 않았다면 지금이라도 나의 핵심 가치관 키워드를 가져야 한다. 가치관은 내 인생의 '삶의 철학'이자 신념이기도 하다.

가치관이란 무엇일까. 사전적 정의를 찾아보면 가치관이란 '가치에 대한 관점'이다. 자신이나 타인, 더 나아가 세계나 사상을 바라보는 평가의 근본적 태도를 의미한다. 직업 가치관은 직업 혹은 직무 활동을 통해 개인이 추구하거나 실현하고자 하는 목표이다. 즉, 직업 선택에 있어 '이것은 매우 중요하다' 또는 '이것만은 충족되었으면 한다'라고 생각하는 것이다.

자기 이해와 탐색의 과정에서 이 직업 가치관이 중요한 이유는 이 가치관이 직업 혹은 직무 선택의 '기준'이 되어주기 때문이다. 조직심리학자 에드거 샤인은 배가 정박해 있을 때 잡아주는 닻(Ahchor)처럼 사회인으로서 어떤 가치관을 가지고 있는지 경력의 닻(Career Ahchor)을 통해 이해할 수 있다고 하였다. 정박해 있거나 바다 한가운데에 풍랑을 맞은 배가 흔들리지 않기 위해서는 '배의 닻'이 필요하다. 우리는 살면서 직업과 경력 개발에 많은 선택의 어려움을 겪게 되는데, 그때 나에게 올바른 선택의 '기준'이 되어주는 것이 바로 이 '경력 닻'이다.

에드거 샤인 박사가 고안한 진단 도구 경력 닻은 검사 결과에 따라 총 8가지 유형으로 분류하고 적절한 직업직무군을 제시하고 있다. 커리어 앵커 검사를 통해 자신이 추구하는 가치가 무엇인지 살펴보고 자신은 8가지 경력닻의 어떤 유형에 부합되는지 살펴보는 것도 도움이 된다.

8가지 경력 닻 유형과 적합한 직무

1. 전문성 추구형 : 전문성으로 경력 방향 전개, 도전적인 일 추구

2. 리더십 추구형 : 리더십 발휘가 요구되는 업무, 중요 결정 역할 관심

3. 자율성/독립성 추구형 : 독립적 경력 선호, 프리랜서, 연구 개발

4. 안전/안정성 추구형: 안정과 미래 예측 가능한 일, 공공기관직

5. 경제력 추구형 : 자신의 사업 새로운 창조에의 도전, 벤처 기업가

6. 봉사/헌신 추구형 : 가치 실현을 위해 조직 및 사회 정책 관계된 직무

7. 도전 추구형 : 도전과 시험 기회가 많은 일, 전략 컨설팅, 영업직

8. 라이프 스타일 추구형 : 업무 시간 등 작업 조건에 융통성이 많은 직무

• 에드거 샤인 박사에 의해 개발된 '커리어 앵커' 검사는 '맘앤리스타트 코칭 연구소' 네이버 카페에 '커리어 앵커 진단 검사' 파일로 올려두었으니 자신의 유형 파악에 활용하면 된다.

내가 추구하는 우선순위 가치 키워드 3가지는 '균형', '도전', '성장'이다. 수많은 가치 키워드 중 내가 최우선을 둔 이 3가지 가치는 내가 살면서 선택의 순간에 있을 때 결정적인 역할을 한다. 이 가치는 개인마다 추구하는 바가 다르기 때문에 선택하는 폭의 다양성도 달라진다.

나는 나의 삶에서 '일', 즉 커리어 개발의 영역의 파이도 중요하지만, 일은 내 개인의 삶과 가정의 '균형' 안에서 행복을 주고 나에게 중요하다. 때문에 나는 커리어와 가정의 균형을 위해 명예나, 지위, 보수 등의 무수한 기회 등에 무작정 덤벼들고 보진 않는다. 나에겐 속도보단 '방향'이 더 중요하다. 하지만 이건 지극히 나의 가치 기준에 둔 것이고, 누군가는 '다양성'과 '명예'를 더 추구할 수 있다. 그런 경우엔 또 다른 경력 개발의 다양한 선택의 폭이 나올 것이다.

우리 모두는 어떤 방식으로든 주변에 영향을 미치며 변화를 만들어낸다. 중요한 것은, 우리가 스스로에게 끊임없이 되물어야 한다는 것이다. 나는 왜 이 일을 하고 있는가? 나는 이 일을 통해서 어떤 가치를 추구하고 싶은 것인가? 그리고 생애 마지막에 나는 어떤 모습으로 기억되고 싶은가?

🖋 나의 '핵심 가치관' 알아보기

1. 다른 것과 바꾸거나 양보할 수 없을 만큼 중요하다고 생각하는 가치 3가지는 무엇인가요? (뒷장 가치 리스트 참고)

----

2. 나에게 활력과 살아 있음을 느끼게 해주는 가치 3가지는 무엇인가요?
(뒷장 가치 리스트 참고)

----

3. 위 가치 항목 중 내 삶의 기준점으로 삼고 싶은 핵심 가치는 무엇인가요?
핵심 가치 피라미드로 완성해보세요.

[나의 핵심 가치 피라미드]

• 워크넷(www.work.go.kr)에서 알아볼 수 있는 '직업 가치관 검사'(무료)가 있다. 이 검사는 당신이 직업을 선택할 때 중요하게 생각하는 가치가 무엇인지를 확인해보는 심리 검사이며, 13개의 직업 가치 요인을 기준으로 적합한 직업분야를 안내해주고 있다. 자신의 직업 가치관 검사에 따른 직업 추천을 알아보고 싶은 이들은 워크넷을 이용해 검사를 받아보자.

가치 리스트				
성 취	내적 평화	지적 능력	보 람	진 리
인 정	전문성	재 미	안정성	신 뢰
사 랑	명 예	리더십	권 위	배 려
예 술	효율성	평 화	존 경	지 혜
도 전	자 유	깨달음	감 사	존 중
변 화	성 장	풍 요	책 임	의 미
균 형	소 통	자 연	희 망	열 정
아름다움	봉 사	자아실현	정 직	조 화
협 력	영향력	건 강	다함께	개 성
창조성	성 실	즐거움	여 유	소속감
배 움	기 여	현 존	수 용	진실함
진정성	헌 신	긍정성	겸 손	신앙/믿음
공 감	소 신	몰 입	중 용	용 기
실 천	유연성	단순함	한결같음	혁 신
너그러움	효과성	가 족	목적의식	통 찰
공정함	동기부여	소 신	완 벽	창 의

6

[비전수립] 당신의 인생에 for를 추가하라

당신의 인생에 'for'를 추가하라, 〈맨발의 꿈〉

"시력은 있으되 비전이 없는 사람이 제일 불쌍하다." – 헬렌 켈러

앞을 보지도 못하고 듣지도 못하고 말하지도 못하는 헬렌 켈러가 한 말이다. 그만큼 우리 삶에서 비전과 사명이 매우 중요함을 의미한다. 그렇다면 비전과 사명이란 무엇일까.

영화 〈맨발의 꿈〉은 동티모르에서 축구팀을 만들어 기적의 신화를 일군 실화를 담은 영화다. 영화의 주인공 원광은 한때 축구선수였지만 하는 사업마다 실패를 맛본다. 그러던 중 무작정 동티모르로 날아가 사업 아이템을 찾으려다가 사기만 당하고 만다. 희망을 잃은 원광은 귀국을 하려다 축구로 인생을 바꾸고 싶어 하는 라모스를 보고 다시 정착하기로 결심한다. 축구화를 빌려주며 하루에 1달러씩 받았던 원광은 아이들에게 무보수로 축구를 가르쳐주기 시작한다. 축구선수가 되고 싶은 아이들을 돕고 내전으로 서로에게 깊은 상처를 안긴 그들의 삶을 변화시키고 싶었던 것이다.

그리고 예선 통과도 어렵다는 예측을 깨고 6전 전승으로 우승컵을 차지하는 기적을 연출한다. 맨발의 아이들을 변화시킬 수 있었던 것은 뚜렷한 꿈과 그들을 변화시키고 싶었던 원광의 비전이 있었기에 가능했던 것이다. 꿈은 실현하고 싶은 희망이나 이상을 뜻하고 기한이 없는 막연한 바람이다. 그러나 비전은 언제까지 반드시 무엇을 할 것이라는 기한이 정해져 있다. 아무런 희망이 없던 동티모르와 원광은 선명한 삶의 비

전과 목표를 세운 후 달라졌다. 이것이 나아갈 미래를 선명하게 바라보고 전진하는 비전이 가진 힘이다.

일전에 SBS 〈집사부일체〉라는 프로그램에서 가수 '박진영' 편을 보게 되었다. '꿈'이라고 하는 주제로 조별로 미니 강연을 펼치는 흐름이었는데, 1조였던 '박진영'이 나와서 보여준 에피소드가 있다. 가수 박진영은 20대 시절에 목표가 '20억을 버는 것'이었다고 한다. 박진영의 엔터테인먼트 음반 사업은 승승장구하여 너무나 잘되었고, 20억의 목표를 금방 달성할 수 있었다고 한다.

그런데 박진영은 자신이 목표했던 '돈'을 벌었지만, 생각보다 기쁘지 않았고 오히려 '허무한' 마음이 오며 심적으로 힘들었다고 한다. 왜 그는 목표를 달성했지만 허무한 마음이 자리 잡게 되었을까. 그것은 바로 자신이 생각했던 목표를 세우고 나니, 다음엔 내가 어떤 목표를 세워야 할지 넥스트가 그려지지 않았던 것이다. 인생에 있어 '목표'보다 중요한 것이 분명 필요하다는 생각이 드는 순간이다. 그리고 그는 '돈'보다는 좀 더 가치 있는 것에 뜻을 품고 살아가야겠다는 생각을 가지게 되었다고 한다.

1. I want to be _____ (수단)
2. I want be for _____ (목적, 비전, 꿈, 사명)

이전에는 1번 즉, 어떤 수단을 원하는 것이 목표였다면, 이제는 'for' 방향을 추가한 것이다. 즉, '나는 앞으로 어떤 가치(사명, 비전, 꿈)를 추구하며 살 것인가?'이다. 우리는 그 수단이 다를 뿐인지, 가수 박진영의 사례와 같은 경험을 한번쯤은 겪는다. 즉, 목표하던 대학 입학, 회사 취업, 승진, 결혼, 내 집 마련 등 인생에서 한 번은 거쳐가야 할 삶의 이벤트를 이루기 위해 달려간다. 목표하던 바를 달성하거나 혹은 하고 있다 보면 가끔 이런 생각에 맞닥뜨릴 수 있다.

'난 무엇을 위해 이렇게 열심히 달리고 있지?'

목전에 보이는 목표만 생각하고 달리다 보면 어느 순간 목표를 달성해도 다음 목표로 가는 길에서 헤맬 수 있다. 때문에 커리어 설계에서 목표를 세우기 전에 꼭 한 번은 생각하고 정의 내려봐야 할 것이 바로 나의 사명과 비전이다. 나의 사명(Mission)과 비전(Vision)이 내가 가야 할 방향성이자 나침반이 되어주기 때문이다. 그렇다면 사명과 비전이란 정확하게 무엇을 의미하는 것일까.

- 사명(Mission) : 내가 이 세상에 존재하는 이유, 존재 가치에 대한 정의. 내 인생의 철학과 가치를 담는 것.

- 비전(Vision) : 미션을 이루기 위해 무엇을 해야 할지 구체적인 한 줄을 만드는 것.

사명은 내가 이 세상에 존재하는 이유, 존재 가치를 정의하는 것이다. 존재 가치, 목적, 사명이 명확해지면 내가 하고자 하는 일에 대한 방향성이 생기게 된다. 내 인생의 배가 항해하는 데 있어 가야 하는 목적과 이유가 명확하다면 흔들릴 이유가 없다. 인생의 나침반과 같은 것이 바로 사명이다. 사명은 자신의 이익과 평안보다는 남에게 도움이 될 때에 가치 있어진다. 예를 들어, '성실과 정직을 신조로 사랑과 행복을 끊임없이 추구하며 살자.', '어려운 이웃을 돕는 삶을 살자.' 등을 들 수 있다. 신앙 생활을 하는 사람들은 종교적 사명을 가지고 살아간다.

비전은 이 사명을 달성하기 위한 보다 구체적인 목표들이다. 학창 시절 진로 체험에서 '비전보드' 그려보기를 해본 사람이라면 알 것 같다. 막연하게 생각했던 내가 되고자 하는 모습, 꿈, 혹은 버킷리스트들을 실제로 이루어진 모습을 상상하며 꼴라주 형태로 이미지를 찾아 붙여보고, 그러한 모습이 되기 위한 구체적 목표들의 달성 시기들을 적어보는 것이다.

[재취업 수강생분들이 직접 작성해본 비전 보드]

항해하는 목적이 사명(Mission)이라면 목적지가 비전(Vision)이고 중간 기착지가 목표(Goal)이다. 우리는 그래서 내가 정한 사명을 완수하기 위해 매년 나의 비전과 목표를 다시 세워보는 것이다.

기업의 사명 예를 한번 들어보자.

삼성 : 인재와 기술을 바탕으로 최고의 제품과 서비스를 창출, 인류사회에 공헌하기 위해 존재한다.

오뚜기 : 국민 식생활 향상에 이바지하기 위해 존재한다.

안철수 연구소 : 안전한 인터넷 세상을 만들기 위해 존재한다.

스타벅스 : 인간의 정신에 영감을 불어넣고 더욱 풍요롭게 한다.

이렇게 기업이 사명이 있듯 개인도 사명이 있다. 자신이 이 세상에 왜 존재하는지 나의 핵심 가치는 무엇인지, 내가 사는 궁극적인 목적이 무엇인지, 내 삶의 좌우명이 무엇인가를 스스로 묻고 정해보는 것이 필요하다. 특히나 직업인의 경우 나의 사명과 비전 수립이 제대로 되어 있다면 내가 하는 직무와 직업인으로서의 소명을 가지고 커리어를 설계해갈 수 있다.

예를 들어, 청소년 진로 선생님이라면 이러한 미션과 비전을 생각해볼 수 있다.

– 당신의 사명은? 10대 청소년들이 좌절하지 않고 인생을 설계할 수 있도록 돕는다.

– 그렇다면 당신의 비전은? 10대 청소년들을 위한 클래스를 만들어서 더 많은 학생들이 멘토 역할을 할 수 있도록 양성한다.

살면서 내가 목표했던 것들은 물론 바뀔 수 있다. 내가 되고 싶은 직업도 꿈도 바뀔 수 있다. 하지만 사명은 변하지 않는 가치이다. 내가 이루고자 하는 가치 실현의 사명과 비전이 명확하다면 내가 달려가던 길에서 경로가 이탈해도 재탐색할 수가 있다. 내가 정한 목표들은 나의 미션과 비전에 따라 나온 목표들이기 때문에 달려가다 길을 잃거나 혼돈스러울 때 마치 나침반처럼, 혹은 하늘 위의 나만의 북극성을 찾는 것처럼 다시 방향을 잡아보는 것이다. 목적지가 있기 때문이다.

나 또한 올해 고심하여 나의 사명과 비전을 정의해보았다.

사명(Mission) : 나 김수영은 '자기다움'을 찾아 리스타트를 꿈꾸는 여성들에게 나의 경험과 꾸준함과 진실함으로 바탕으로 꿈의 실현과 성장을 돕는 것이다.

비전(Vision) : 그러기 위해 나는 1년 안에 여성들의 두 번째 명함을 위한 책을 출간하여 나의 경험을 전한다. 3040 여성들을 위한 프로젝트를 만들어서 그들 스스로가 자기 인생의 멘토 역할을 할 수 있도록 한다.

자, 이제 당신 차례다. 두 번째 꿈을 그리는 당신의 사명과 비전은 무엇인가?

🖊 나의 '사명선언문' 작성해보기

이제 '사명선언문 작성 Tip' 골격으로 당신만의 사명과 비전을 정해보세요.

사명선언문 작성 Tip.

- Whom. 누구에게? 도움을 주고 싶은 대상을 정해보는 것이다.

  Ex) 하나님, 10대 청소년, 3040 여성, 이웃

- What? 무엇을? 당신이 기여, 제공하기를 원하는 것이다.

  Ex) 사랑, 봉사, 전문성, 선한 영향력, 꾸준함

- How? 어떻게 기여하고자 하는가?

  Ex) 꿈의 실현과 성장을 돕는다. 감사의 삶을 실천한다.

- **나 _____ 의 사명**

- **나 _____ 의 비전**

7

[커리어설계] 엄마의 커리어 로드맵 실전 4단계

지금까지 만족스러운 엄마의 직업 생활을 위해 '자기 이해 및 탐색'의
과정을 거쳐왔다. 이렇게 자신에 대한 탐색 과정을 충분히 거치고 나면
한눈에 '나'라는 사람의 특성을 알아볼 수 있도록 정리해보는 게 필요하
다. 즉, 나의 특성인 정체성(Identity)이다.

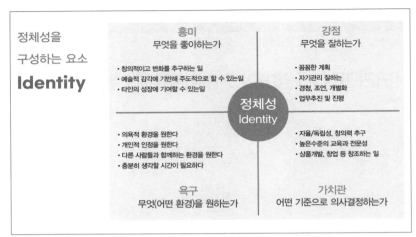

정체성을
구성하는 요소
Identity

흥미 무엇을 좋아하는가	강점 무엇을 잘하는가
• 창의적이고 변화를 추구하는 일 • 예술적 감각에 기반해 주도적으로 할 수 있는일 • 타인의 성장에 기여할 수 있는일	• 꼼꼼한 계획 • 자기관리 잘하는 • 경청, 조언, 개별화 • 업무추진 및 진행
• 의욕적 환경을 원한다 • 개인적 인정을 원한다 • 다른 사람들과 함께하는 환경을 원한다 • 충분히 생각할 시간이 필요하다	• 자율/독립성, 창의력 추구 • 높은수준의 교육과 전문성 • 상품개발, 창업 등 창조하는 일
욕구 무엇(어떤 환경)을 원하는가	가치관 어떤 기준으로 의사결정하는가

정체성
Identity

[나의 정체성]

나의 정체성을 위 예시와 같이 한눈에 파악해볼 수 있도록 나만의 다이어리나 바인더에 정리해서 적어보도록 한다. 정리할 때에는 지금까지 자기탐색 편에서 알아본 흥미, 강점, 욕구, 가치관 등 나의 특성과 나의 비전과 사명을 적어본다.

흥미 : 무엇에 관심이 가는가. 나는 어떤 분야에서 일을 할 때 덜 스트레스를 받는가. (취미, 관심, 열정)

강점 : 내가 가진 강점은 무엇인가. (기술, 경험, 재능)

욕구 : 내가 원하는 업무적 환경과 대인관계는 무엇인가.

가치관 : 나는 어떤 기준으로 의사결정하는가.

사명과 비전 : 나는 어디로 나아가고 있는 것인가.

위 예시와 같이 나의 특성을 파악해본 후에는 이 책 부록인 '엄마의 직업탐색 A-Z'에서 제공한 정보를 살펴보며 내가 도전해볼 만한 직업(직무)을 탐색해본다. 너무 많은 선택지보다는 2~3가지 정도로 추리는 게 좋다. 현재 나의 여건과 상황에서 어느 정도의 시간과 비용이 드는지, 진입할 수 있는 여러 선택 경로를 충분히 탐색해보는 게 필요하고, 또한 내가 선택한 이 일이 앞으로 장기적으로 어떤 커리어로 확장하고 전문성을 키워나갈 수 있는지도 고려해보자.

만약 현재 여건상 생계를 위한 취업이 필요한 경우라면, 선 취업 후 경제적 활동을 하면서 내가 원하는 커리어 방향을 준비해야 한다. 내가 앞으로 해야 할 커리어와 꿈이 있는 상태에서 직장생활을 하는 것과, 막연하게 현재 필요한 생활비 벌기에 급급한 무경력 직장생활을 하는 것은 다르기 때문이다.

자, 지금까지 자기 이해 탐색과 내가 도전해볼 새로운 직업군(혹은 도
전 분야, 꿈을 2~3가지 정도로 추리는 과정까지 해보았다면 이제부터는
엄마의 실제 커리어 로드맵을 작성해보자.

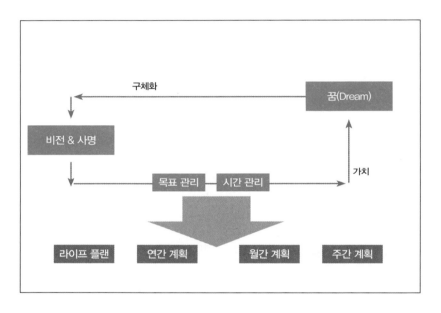

우리는 매년 올해를 마무리하는 시점에서 내년도 다이어리를 새롭게
준비하고 정성껏 내년도의 계획을 세우게 된다. 하지만 이 시점에서 잘
생각해보자. 우리는 무엇을 위해 내년도 계획을 그리고 세워보고 있는지
를. 단순히 매년 반복되는 기념일, 경조사, 가족 여행 등의 계획을 적어
보기 위해 다이어리를 준비하는 것은 아닐 것이다. 시간 관리는 내가 그
리는 꿈을 구체화한 비전과 목표 아래서 시작된다. 머릿속에서 생각만
하는 것과 실제 종이 위에 내가 직접 작성해 보는 것은 매우 다르다. 내

꿈을 이뤄가는 목표 과정 설계 단계를 하나하나 거쳐가며 나만의 커리어 로드맵을 작성해보는 것이다.

1단계 : 라이프 플랜 설정하기

라이프 플랜은 내 생의 중요한 시기별로 플랜을 세워보는 것이다. 그 플랜 안에는 물론 적금 보험과 같은 재정적 플랜, 노후 대비 플랜, 자녀 교육 플랜 등 여러 가지가 있지만 이 책에서는 일단 나의 커리어와 관련된 것만 생각하고 커리어 플랜 위주로 적어보도록 하자.

라이프 플랜은 5년, 10년, 20년, 30년 이내 등 전 생애 중요 시기별로 러프하게라도 내가 원하는 청사진을 그려보는 작업이다. 혹시 기억하는가? 내 인생의 가치관을 이야기하기 위해 다룬 영화 〈코코〉편에서 '나는 어떤 사람으로 기억되고 싶은가'를 다뤘던 것을. 한 치 앞도 모르는 인생 무슨 30년 후를 생각하며 사냐고 의문을 품는 사람도 분명 있을 것이다. 그러나 세상에 태어난 나라는 사람이 반드시 존재하는 이유가 있다면, 내가 남기고 싶은 나의 '가치'를 실현시키기 위한 청사진을 그리고 간다면 오늘의 삶이 좀 더 의미 있지 않을까.

[3년 전 작성해본 라이프 플랜]

위 라이프 플랜은 3년 전 디지털 마인드맵(씽크와이즈)으로 필자가 직접 작성해본 나의 라이프 플랜이다. 나는 지금부터 30년 후까지의 여정을 막연하게나마 생각하며 원하는 나의 삶을 그려보았다. 커리어 분야에서 전문성을 키우며 내 사업 영역에서 왕성한 활동을 한 이후인 2~30년쯤 후는 이미 나의 자녀들은 다 독립하여 각각의 가정을 꾸리고 있을 것이다. 그때쯤에는 나는 남편과 함께 조용하고 한적한 곳에 작고 아담한 복합문화공간을 세워보고 싶다. 그간 내가 꿈꾸는 삶을 현실로 만들 수 있었던 꿈의 공간으로, 내가 직접 읽으며 꿈을 키우고 도움이 되었던 책들이 있는 북갤러리와 작은 코칭룸을 마련할 것이다. 남편은 우리의 공간 앞 작은 텃밭에서 노후에 해보고 싶다던 여러 가지 농작물들을 키우고 수확하며 소소한 일상의 즐거움을 가질 것이다. 나는 그 텃밭을 '행복텃밭'이라고 이름 지어본다.

여행을 왔다 들른 방문객은 차 한잔과 함께 마음껏 책도 읽어볼 수 있도록 하고, 그들마다 개인적 이슈에 따른 코칭도 지속적으로 하고 있을 것이다. 그때쯤이면 삶의 풍부한 경험치가 더 쌓였기에 지금보다 다양한 사람들의 라이프 코칭이 가능할 것이다. 그리고 그 공간에서 또 하고 싶은 꿈이 생겼다. 손님이 없는 시간에는 그때 산 세월만큼의 경험치로 또 한 권의 책을 쓰고 있을 나를 그려보게 된다.

물론 이 라이프 플랜은 현재 이 시점에서 내가 그려본 청사진일 뿐이지 또 바뀔 수 있다. 겪게 되는 경험들을 통해서 다른 꿈과 길로 변경될 수도 있기 때문이다. 목표한 여행지대로 여행하는 것은 아니듯, 우리의 삶도 그 길 위에서 무수히 만나고 관계 짓는 사람들과 부딪히는 삶의 이벤트들로 변화무쌍해질 수도 있다. 그때는 나의 라이프 플랜을 꺼내 다시 지우고 그려보면 될 것이다. 누구나 '하루'의 시간은 똑같이 주어지지만 그 시간을 어떻게 쓰느냐는 사람마다 다르다. 오늘의 하루 시간을 내가 그려놓은 라이프 플랜에 맞춰 살아가는 내 삶의 주인공이 되어보는 것은 어떨까.

⚫ 내 삶의 '라이프 플랜' 작성하기

앞으로 해보고 싶은 것, 되고 싶은 것, 내 생에 남기고 싶은 것 등 당신만의 위시 리스트를 우선 적어보고 라이프 플랜을 그려보세요.

- 키워드 위주도 좋고, 그림으로 표현하셔도 좋습니다.
- 되고 싶은 청사진을 인터넷에서 검색하여 원하는 이미지를 붙여보아도 좋습니다.

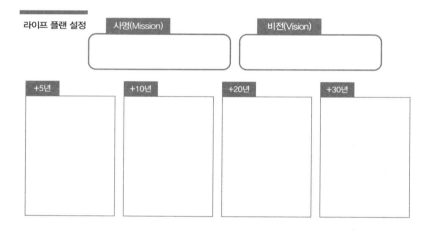

[나만의 라이프 플랜 작성]

*워크지는 '맘앤리스타트 코칭연구소' 네이버 카페에서 파일로 다운로드 가능하다. 인쇄하여 작성해보자.

2단계 : 커리어 프로필 작성하기

자신의 인생의 전반적인 인생 설계인 라이프 플랜을 러프하게라도 기재해보았다면, 2단계에서는 나의 '커리어 프로필'을 적어본다. 프로필을 어디서든 본 적이 있을 것이다. 간략하게는 자신의 명함 같은 것이고, 구체적으로 나의 현재 이력, 경력 등을 기술하면 그것이 프로필이 된다. 우리는 현재의 프로필이 아닌, 미래의 프로필을 적어볼 것이다. 미래의 커리어 프로필은 비전보드를 활자화시켰다는 개념으로 보아도 좋다. 즉, 앞으로 내가 꿈꾸는 나의 모습을 적는 것이지, 현재의 이력을 적는 것은 아니다.

미래의 나의 커리어 프로필을 미리 작성해보면 좋은 점은 내가 이미 그러한 모습이 되어 있다는 전제하에 필요한 이력들을 적어보는 것이기에 좀 더 현실적으로 그 모습이 되기 위해 필요한 것이 무엇일까를 현실적으로 생각해본다는 것이다. 그 이력은 자격증과 교육이수사항이 될 수도 있고, 이전 근무한 회사의 경력사항이 될 수도 있다. 또 하나 미래의 프로필을 적어보면 좋은 것은, 미래의 나의 모습을 적어보는 것이기에, 이미 내가 그러한 모습이 된 것 같은 '긍정적 자기 체험'의 효과가 있다는 것이다. 마치 '미래의 나에게 쓰는 편지'와 같이 말이다.

🖋 미래의 커리어 프로필 작성하기

당신만의 커리어 프로필을 만들어보세요.(자격, 교육, 세부 목표 등)
현재의 이력이 아닌 앞으로 만들어보고 싶은 이력사항을 적습니다.

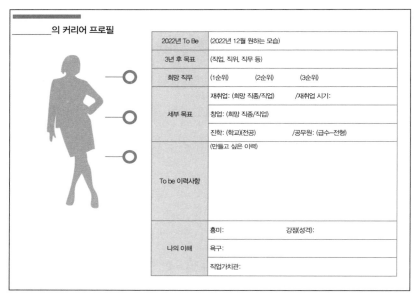

_____의 **커리어 프로필**			
2022년 To Be	(2022년 12월 원하는 모습)		
3년 후 목표	(직업, 직위, 직무 등)		
희망 직무	(1순위)　　　(2순위)　　　(3순위)		
세부 목표	재취업: (희망 직종/직업)　　　/재취업 시기:		
	창업: (희망 직종/직업)		
	진학: (학교)(전공)　　　/공무원: (급수―전형)		
To be 이력사항	(만들고 싶은 이력)		
나의 이해	흥미:　　　　　　강점(성격):		
	욕구:		
	직업가치관:		

[미래의 커리어 프로필 작성]

*워크지는 '맘앤리스타트 코칭연구소' 네이버 카페에서 파일로 다운로드 가능하다. 인쇄하여 작성해보자.

3단계 : 3년 이내 커리어 플랜 작성하기

3단계는 3년 혹은 5년 이내에 목표한 나의 커리어 청사진에 다가갈 수 있도록 연도별로 목표와 세부 계획을 기재해보는 단계다. 라이프 플랜으로 그려놓은 큰 청사진에서 다시 세부적으로 쪼개서 그리는 것이기 때문에 막연하게 그려놓았던 그림이 좀 더 현실적이고 구체화될 수 있는 단계다.

이 단계에서 가장 많이 필요한 것은 정보 탐색의 시간이다. 내가 되고자 하는 'To Be'가 되기 위해 필요한 자격과 경험은 무엇일지 정보들을 찾아보고 자신이 시도해볼 만한 것들을 선별해야 한다. 시간이 걸리는 단계이지만 막연했던 목표가 좀 더 확실하고 현실적인 것으로 여겨지기도 한다.

가슴 뜨거운 꿈과 사명, 비전은 열정이다. 하지만 열정만 있고 전략이 없으면 바라만 보는 '꿈'으로만 남게 된다. 3년(혹은 5년) 인생의 중·장기 목표를 세우는 과정은 앞서 세운 꿈, 사명, 비전에 다가가기 위한 전략이 될 수 있다. 기업에서도 경영 목표를 달성하기 위해 장기, 중기, 단기 목표를 설정하는 것처럼 내 인생의 경영 목표를 위해서는 이렇듯 중·단기 플랜을 세우는 것은 매우 중요하다.

1979년 하버드 경영대학원 졸업생들에게 명확한 장래 목표를 설정하고 기록하여 그것을 위한 계획을 세웠는지 질문해 보았더니, 그들 중 3% 만이 목표와 계획을 세웠다고 한다. 10년 후 그들을 대상으로 다시 조사 했을 때 목표를 종이에 기록했던 3%는 나머지 97%에 비해 평균 10배가 넘는 수입을 올리고 있었다. 목표를 종이에 기록하면 목표 스스로가 목 표를 이룰 힘을 가진다. 목표 관리의 핵심은 종이 위에 쓰는 것이고, 이 를 시각화하여 수시로 보며 상상이 현실로 될 수 있도록 하는 것이 필요 하다.

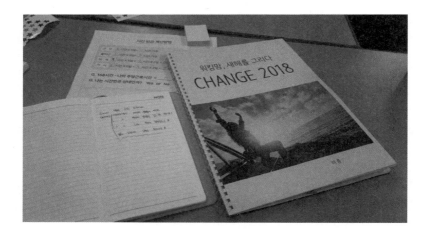

2017년 12월, 나는 한 코칭센터에서 진행된 '워킹맘을 위한 새해 계획 세우기 워크샵에 참여한 적이 있다. 전반은 2017년 한 해를 돌아보고 성 찰해보는 시간으로 후반은 2018년 새해 나의 일과 가정, 그리고 내가 목 표한 꿈을 위해 어떠한 것들을 도전해보면 좋을지 생각해보는 시간을 가 져보았다. 혼자서 했더라면 쉽지 않았을 시간, 역시나 환경설정이 되니

어느덧 머릿속에만 막연하게 두었던 나의 목표를 적어가게 된다. 다음은 그날 '2017년 12월의 내'가 '2018년 12월 미래의 나'에게 썼던 미리 쓰는 일기 중 일부다.

"Change 2018 워크샵에 참여한 후, 나에게 많은 변화가 일어났던 한 해다. 우선 내 현재 상태를 점검하고 나아갈 방향을 알게 되었다. 올해 난 커리어 코칭 과정 대학원에 입학할 수 있었다. 공부를 하며 관련 업계의 분들과 새로운 네트워킹을 가질 수 있었다. 또 전문 코치 자격을 위해 코칭 양성 과정을 듣고 KAC 자격까지 취득했다. 이제 초등학교에 입학하는 첫째가 있어 당분간은 아이에게 조금 더 신경 쓰게 되겠지만 아이 취학 전에 이만큼 성장하고 노력한 나에게 칭찬해주고 싶다. 잘했어! 수영아!"

정말 신기하게도 난 미리 쓰는 일기에 적은 내 모습대로 2018년 대학원에도 입학해 커리어 코칭 공부를 시작했고, 코치 양성 과정 교육과 자격 과정도 모두 취득할 수 있었다.

항상 잊지 말자. 생각만 하는 것은 생각일 뿐, 생각을 종이 위에 적는 순간 그것은 정말로 '현실'이 된다.

3년 이내 커리어 플랜 작성하기

    올해, 내년, 그리고 3년(혹은 5년) 이후의 이루고 싶은 꿈과 목표를 기재해 보세요. To be 되고 싶은 나의 모습, 이력을 위해 만들어야 될 자격과 교육 과정 등의 정보를 많이 찾아보고 적어보도록 합니다.

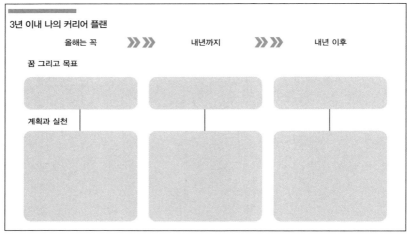

[5년 이내 커리어 플랜 작성하기]

* 워크지는 '맘앤리스타트 코칭연구소' 네이버 카페에서 파일로 다운로드 가능하다. 인쇄하여 작성해보자.

4단계 : 분기별 핵심 킹핀 설정하기

분기별 핵심 킹핀 설정하기는 앞서 세운 올해 커리어 목표를 달성할 수 있도록 분기 내에 달성해야 할 목표 설정 단계다. 배움의 인풋은 목표를 달성하기 위한 '기초체력 기르기'와 같다. 처음엔 이것저것 배우고 성장해가는 것이 즐겁다. 하지만 배움과 익힘은 그 자체로서는 의미가 충분하지만, 무언가 분명 부족한 한 가지가 있다. 바로 인풋을 통해 나오는 '성과' 즉, '아웃풋'이다.

아웃풋은 인풋을 통해 저절로 나오기도 하지만, '내가 반드시 이것만큼은 성과로 만들어내야겠다.'라고 하는 목표를 정하고 실행함으로써 생겨난다. 그런데 유념해서 봐야 할 것이 있다. '이룰 계획인 목표'가 아니라 '반드시 이것만은 달성하고 싶다는 목표'다. 즉, 반드시 성과로 만들어 내야 할 '핵심 킹핀'이다. '킹핀'은 볼링에서 스트라이크를 치기 위하여 공으로 맞혀야 하는 5번 핀을 지칭한다.

잘 생각해보면 우리가 세워두었던 거창한 목표들을 시작도 전에 멈추게 되는 이유는 이것저것 여러 가지 많이 세워둔 목표들 앞에 무너지는 것을 알 수 있다. 절대 많은 목표를 잡을 필요가 없다. 빼빽하게 적어놓은 많은 목표들이 기분적으로 무언가 뿌듯하고 대단한 것을 내가 할 것만 같지만 우리의 일상은 나의 커리어뿐만 아니라 다양한 역할 안에서 해야 하는 것들이 있다. 특히나 육아기 엄마의 경우 아이를 키우며 생기는 돌발 변수들이 얼마나 많던가. 나의 현재 상황과 여건에서 이것만은 반드시 해야 하거나, 할 수 있는 범위 내에서 핵심 킹핀을 설정해야 한다.

그렇다면 핵심 킹핀은 어떻게 효율적으로 잡을 수 있을까. 매년 여러 가지 계획과 목표들을 해내가는 과정에서 가장 효과적이다 생각했던 목표 세우기는 '분기별 4개의 핵심 킹핀 세우기'이다. 1년은 총 4개의 분기니까 우리의 핵심 킹핀도 크게 4~5가지가 나오면 된다는 계산이 나온다.

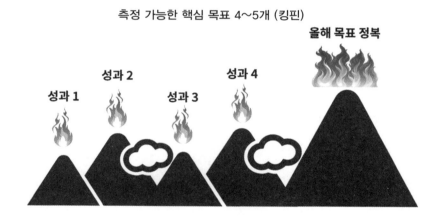

하나의 산 정상에 오르기 위해서는 여러 산맥들을 거쳐가야 한다. 산 정상에 올라갈 때에는 작은 산맥의 정상에서의 기분을 느끼며 올라가는 것이 좀 더 성취감 있게 올라갈 수 있다. '내가 산맥 하나를 이제 정복했구나', '이제 3개만 또 올라가면 되겠구나'와 같이 내가 어느 지점까지 올

라왔는지를 알 수 있게 된다. 이 작은 산맥들이 우리가 만들어야 할 분기별 핵심 킹핀이 되는 것이다.

분기별 안에서도 2~3가지 목표가 나오겠지만, 그중에서도 꼭 이것만큼은 이 분기 안에 꼭 성과를 내야겠다는 나만의 킹핀은 두어야 한다. 필자의 경우 현재 작년 4분기 목표에 책 초고 완성이 있었다. 올해 1분기에는 퇴고, 2분기에는 책 출간을 핵심 킹핀 목표로 설정했다. 물론 분기별 안에는 2~3가지 더 세부적인 목표들이 더 있지만, 이것만큼은 이 분기 안에 꼭 해야겠다는 핵심 킹핀을 정한 것이다.

핵심 킹핀을 설정했다면 이제부터 해야 할 일은 그 일을 '실행'할 수밖에 없는 환경을 설정하는 것이다. 사람들의 변화를 10년간 연구하여 나온 책 『최고의 변화는 어디서 시작되는가』의 저자 벤저민 하디는 "당신은 궁극적으로 미래의 자기 모습과 운명을 정할 환경을 선택하고 조성할 책임이 있다."라고 했다. 성장과 변화를 꿈꾸며 여러 가지 시도를 해보고 실패도 해보는 과정 안에서 내가 깨닫게 된 '변화의 핵심'이 하나 있다. 바로 '나의 의지를 믿지 말 것. 변화는 할 수밖에 없는 환경에서 시작된다.'이다. 내가 '실행'할 수밖에 없는 강제적 환경을 만드는 것, 이것이 분기별 목표를 이루는 데 가장 필요한 작업이라 할 수가 있다. 분기 내 목표가 자격증 취득이 목표인 이들이라면 일단 자격시험 등록부터 해두고 공부를 시작하고, 준비하는 온라인 프로젝트 오픈이 목표인 분들이라면 모집 공지부터 내고 준비하는 것이다. 마감기한이 있어야 움직이고 실행하게 되어 있다.

자, 이제 올해 안에 분기별로 엄마인 당신이 꼭 이것만큼은 달성해야 할 핵심 킹핀은 무엇인가? 그리고 그 핵심 킹핀의 성과를 위해 당신이 정할 환경은 어떤 것이 있는가?

✏️ 분기별 핵심 킹핀 목표 세우기

아래의 핵심 목표 워크지에 올해 자신만의 분기별 핵심 목표와 목표를 이루기 위한 세부 실천안을 작성해보세요.

(ex. 자격증 취득, 교육 과정 이수, 유튜브 20개 업데이트, 보육교사 실습, SNS 채널 운영 및 활성화)

구분	핵심 목표 (킹핀)	세부 실천 내용
1분기 (~3월)		
2분기 (~6월)		
3분기 (~9월)		
3분기 (~12월)		

* 워크지는 '맘앤리스타트 코칭연구소' 네이버 카페에서 파일로 다운로드 가능하다. 인쇄하여 작성해보자.

8

[시간관리] 엄마의 시간 관리는 어떻게 할까?

초기 커리어 상담과 코칭을 공부할 때만 해도 자기 이해와 커리어 플래닝, 그리고 실제 취업 실전 과정 개발에만 집중했다. 그런데 실제 재취업 코칭을 몇 년 차 끌고 가다 보니 느끼게 된 점이 있다. 커리어 목표 설정과 로드맵까지는 어떻게든 세우게 되지만 이를 지속시키는 힘이 시간이 갈수록 흐려진다는 것이다.

동기부여를 받고 의지가 바짝 생길 때에는 누구나 목표 설계까지는 어떻게든 해볼 수 있다. 하지만 그 목표를 이루는 과정은 누가 도와줄 수 있는 성질의 것이 아니다. 즉, 자신 스스로가 해내가야 하는 과정이 된다. 책 쓰기도 마찬가지다. 책 쓰기 컨설팅을 아무리 받아보았자 중요한 건 스스로가 직접 글을 매일 일정 시간 써가는 반복의 시간이 쌓여야 한 권의 책이 나온다. 때문에 내가 꿈꾸는 커리어 목표는 '효율적인 시간 관리'와 '습관'을 통해 완성된다.

육아기의 엄마와 워킹맘은 늘 전쟁 같은 하루로 바쁘다. 분명 엄마의 효율적인 시간 관리를 위한 어떤 노력들은 필요해보였다. '하루를 디자인'하는 습관을 가지기 위한 노력을 작년 한 해 동안 진행해보았다. 돌아보면 그들의 성장을 돕기 위해 시작한 일이 결국 나의 성장에도 큰 도움이 되는 값진 경험이자 시간들이었다.

그간 경험을 통해 나는 엄마의 꿈을 위한 효율적인 시간 관리를 다음의 '버리기', '선택하기', '집중하기' 3가지로 정리해보았다.

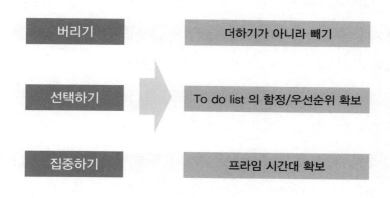

[시간 관리 3가지 핵심]

'시간 관리'의 핵심은 중요한 일에 집중할 시간을 확보하는 것이다. 시간을 확보하기 위해서 우선 엄마의 관성처럼 하던 시간을 가지치기하는 것이 필요하다.

'버리기' - 해야 할 일 가지치기

"엄마의 일은 영원히 끝나지 않는다."라는 독일 속담이 있다. 살림을 해본 엄마라면 알 것이다. 집안일은 해도 해도 끝도 없다는 것을. 청소는 안 하면 바로 티가 나지만, 해도 청소한 티가 안 난다는 웃픈 얘기도 있다. 엄마로서 해야 할 기본적인 역할들을 소화해내는 것은 필요하지만, 그 역할 수행들로 인해 하루 중 엄마인 '나'만을 위한 효율적인 시간마저 지배되어서는 안 될 것이다. 여기서 '버리기'란 '해야 할 일 가지치기'를 뜻한다. 해야 할 것이 많은 상태에서 또한 그냥 습관처럼 매일 닥치는 일들을 처리하다 보면 하루가 정신없이 흘러갈 때가 많다.

오늘 해야 할 일 가지치기를 할 때에는 우선 종이 위에 '오늘 해야 할 일'을 쭉 적어보고, 그 중 '오늘 꼭 해야 할 일'로 다시 선별, 그리고 그 중에서도 '꼭 내가 해야 할 일'로 선별해가면서 가지치기를 해나간다.

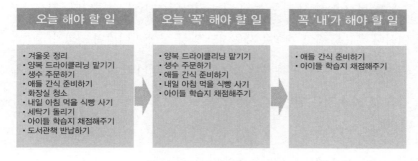

오늘 해야 할 일	오늘 '꼭' 해야 할 일	꼭 '내'가 해야 할 일
• 겨울옷 정리 • 양복 드라이클리닝 맡기기 • 생수 주문하기 • 애들 간식 준비하기 • 화장실 청소 • 내일 아침 먹을 식빵 사기 • 세탁기 돌리기 • 아이들 학습지 채점해주기 • 도서관책 반납하기	• 양복 드라이클리닝 맡기기 • 생수 주문하기 • 애들 간식 준비하기 • 내일 아침 먹을 식빵 사기 • 아이들 학습지 채점해주기	• 애들 간식 준비하기 • 아이들 학습지 채점해주기

[오늘 해야 할 일 가지치기]

현대 경영학의 아버지 피터 드러커는 나보다 더 잘하지는 못하지만 최소한 나만큼은 할 수 있는 일은 다른 사람에게 맡기는 게 좋다고 하였다. 모든 일을 엄마가 다 할 수는 없다. 앞서 필자가 말한 '에너지 총량의 법칙'을 생각하고 최대한 엄마의 에너지를 뺄 수 있는 영역들은 미니멀화하는 게 좋다. 할 일이 많은 것이 좋은 것이 아니다. 주어진 최소한의 시간 안에 꼭 해야 될 일로 심플하게 가져가는 것이 엄마의 시간 가지치기를 하는 첫 번째 단계이다.

'선택하기' – 꿈과 맞닿은 To Do List를 배치할 것

"처음엔 목표를 생각하며 여러 계획을 세웠는데…. 막상 바쁜 하루하루를 보내다 보니 제대로 실행해 놓은 게 없는 것 같아요."

목표 점검 코칭 시 자주 듣게 되는 엄마의 하소연 중 하나다. 지금까지 열심히 목표를 잡고 계획을 세웠지만 막상 실행이 어려워 성과가 없었다는 얘기다. 그 문제를 해결할 방법으로 나는 엄마의 하루 To Do List 점검을 꼭 해볼 것을 권한다.

– 시간 관리 매트릭스로 중요도를 선별할 것

우리의 플래너에는 항상 'To Do List' 항목이 있다. 손으로 직접 써서 다니는 바인더와 같은 플래너 혹은 손쉽게는 디지털 스케줄러에도 우리는 하루의 To Do List(투두 리스트)를 작성하곤 한다. 여기서 중요한 것은 바로 '꿈(목표)'과 연관된 투두 리스트가 내 하루 안에 잘 배치되어 있는지를 점검해봐야 한다는 것이다.

시간 관리하면 스티븐 코비 교수의 『성공하는 사람들의 7가지 습관』에서 언급된 '시간 관리 매트릭스' 이론이 많이 활용되고 있다. 바쁜 엄마의 하루 속에 정말 자신에게 꼭 필요하고 중요한 일을 채운 시간은 있었는지 이 시간 관리 매트릭스를 통해 점검해보는 것이다.

시간 관리 매트릭스의 주축은 세로축인 '중요도'와 가로축인 '시급도'이다. 이 매트릭스 4분면 안에 사람들이 바쁘다고 한 시간들을 들여다보면, 대개는 보통 3번 영역인 '중요하지 않으면서 시급한 일', 4번 영역인

'중요하지도 않고 시급하지도 않은 일'들에 시간을 쓰고 있는 경우가 많다.

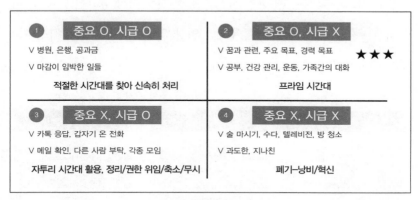

[시간 관리 매트릭스]

시간 관리 매트릭스를 통해 보통 전달되는 주요 메시지는 우리 삶 안에서 중요하지만 시급하지 않은 2번 영역의 일들을 놓치고 있기 때문에 이 영역을 잘 채워 균형을 맞춰야한다는 것이다. 이 '중요하지만 시급하지는 않은 일'은 보통 나의 꿈, 주요 목표, 경력 목표, 공부, 건강, 가족 관계 등을 떠올려볼 수 있고, 이 2번 영역을 투두 리스트로 하루 안에 잘 배치하는 것이 필요함을 알 수 있다.

– 꿈, 일상, 습관의 To do list로 나누어 작성 및 실천할 것

투두 리스트 작성은 내 하루 시간을 결정 짓는 가장 중요한 단계다. 하루의 투두 리스트는 '꿈(목표)', '습관', '일상' 3개로 크게 나누어 작성하는 것이 효율적이다.

꿈	습관	일상(오늘)
내 '꿈'과 연관 영어공부 자격증 공부 독서 50page 매일 1page 글쓰기 인강 듣고 정리하기	30분 걷기 식후 비타민 물 7잔 마시기 채식 스트레칭 감사일기	병원 다녀오기 은행 다녀오기 아이들 학습 봐주기 간식 챙겨주기 공과금 내기 빨래/청소하기

[To Do List 작성법]

대개 엄마의 경우 '일상'의 일들에서 나머지 영역은 우선순위에서 밀려나 하루가 끝나버리고 만다. '습관'은 매일 실천하는 건강한 습관을 말한다. 기상 후 따뜻한 물 1잔 마시기, 감사일기 쓰기, 하루 3천보 걷기 등이다. 내 꿈과 맞닿은 투두 리스트는 앞서 '분기별 핵심 킹핀(목표)'으로 선별하는데, 개인의 여유에 따라 세워둔 목표들 중에서 선별하여 실천하면 된다. 그 누군가는 준비하는 자격증 공부를 위해 매일 인터넷 강의 1개를 듣고 공부하는 시간을 가져볼 수 있고, 또 누군가는 SNS 브랜딩을 위해 매일 블로그 1일 1포스팅, 꾸준한 전문 분야 지식의 깊이를 위해 일정량의 주제 분야 독서시간을 가져볼 수도 있을 것이다.

중요한 건 하루 24시간 안에는 '내 꿈과 이뤄야 할 목표'와 맞닿은 투두 리스트가 반드시 배치되어야 한다는 것이다. 빼곡히 적힌 투두 리스트를 달성해야만 하는 압박에서 스트레스를 받고 있지는 않은가? 그렇다면 하루 24시간에서 나의 투두 리스트를 다이어트해보자. 차고 넘치는 것이 좋은 것은 아닐 것이다. 때론 심플한 간소함이 하루를 보다 명확하게 보내게 할 수 있는 방편이다.

내 꿈과 목표에 맞닿은 투두 리스트를 나의 하루 시간에 배치하고 매일의 꾸준함을 실행시켜나간다면 적어도 '실패하지 않은 하루'를 보낼 수 있을 것이다.

'집중하기'– 프라임 시간대를 확보할 것

'아침에 일어나 출근 준비, 애들 등원 준비하기도 바쁜데 나를 위한 시간을 만드는 건 힘든 것 같아요….'

언제부터인가 '미라클 모닝'이 유행처럼 번져 여기저기서 '미라클 모닝 챌린지'를 실천하는 등 미라클 모닝 자기계발 열풍과 관심이 뜨겁다. 미라클 모닝은 2016년 미국의 작가 할 엘로드의 동명의 자기계발서에서 처음 등장한 개념이다. 그는 아침을 보내는 습관을 통해 삶을 변화시킬 수 있다고 주장했다. 이른 아침에 일어나 본격적인 일과 시작 전 독서, 운동, 소소한 습관을 실천하면 당신의 하루의 기적을 만들어낼 수 있다는 것이다. 미라클 모닝 콘텐츠는 요즘 SNS에서도 쉽게 찾아볼 수 있는데, 참가자들은 #미라클모닝, #미라클모닝챌린지 등의 해시태그를 달고 자신의 기상시간과 아침 루틴을 공유·인증하면서 함께의 힘을 하고 있다.

이 미라클 모닝은 자기계발 하기에 최적의 시간이라 할 수 있는데 그 이유는 새벽 4시~6시 시간대인 미라클 모닝 타임이 하루 중 그 어느 누구에게도 방해받지 않는 온전히 그 시간에 '몰입'할 수 있는 시간이 되기 때문이다. 바로 '프라임 시간대'이다. 미라클 모닝을 외치는 관련 분야 저자들마다 미라클 효용 시간대에 대한 의견 차이는 있는데, 중요한 건 시간대가 아니라 개인에게 맞는 하루 가용시간 확보다.

바로 이 프라임 시간대가 앞서 정리한 '내 꿈의 투두 리스트'를 실천하기에 가장 적합하다. 이 프라임 시간대를 하루 중 반드시 미리 빼놓고 이 시간대에 내 꿈에 맞닿은 To Do List를 실천하는 것이다. 마치 월급날 미리 저축 금액을 빼놓고 나머지 돈으로 생활비를 쓰는 것과 같은 원리다. 이것저것 급한 생활비부터 쓰고 남은 돈으로 저축을 해서는 돈을 모을 수는 없다. 크지 않은 금액이라도 차곡차곡 저금해놓은 돈이 목돈을 만들어낼 수 있는 것처럼, 하루 30분이라도 내가 빼어놓은 시간은 '미래의 시간으로 축적'이 되어 언젠가 반드시 나에게 '기회'가 되어 돌아온다.

[미라클 독서 새벽 줌 모임]

필자도 작년 상반기부터 '사회 복귀와 다시 일어서기를 꿈꾸는' 육아기 엄마들과 함께 미라클 모닝 프로그램을 진행했었다. 이 시간에는 아침 6시에 온라인 줌에 접속하여 각자 자신의 자기계발 시간을 갖도록 했다. 보통은 독서와 목표하는 자격증 공부 등이다. 내가 이 프로그램을 시작하게 된 계기는 재취업 교육 후 지속적으로 동기부여와 함께하는 힘을 드리기 위해서였다. 이 새벽 모임 안에는 이미 재취업에 성공하셨지만 또 다른 본인의 꿈을 위해 자발적으로 참여하고 있는 워킹맘도 있었다. 그녀는 또 다른 자신의 꿈을 위해 하루의 일부 시간을 끌어와 자신에게 집중하고 있는 것이다.

고단하고 바쁜 일상에서도 현재의 삶에 '지금 내가 잘하고 있는 거냐고', '이대로 가도 되는 거냐고' 스스로에게 질문을 하며 성찰하는 이들은 없던 시간도 끌어와 자신에게 집중하는 시간을 갖는다. 이 시간은 '엄마가 온전히 자신을 만나는 시간'이다. 삶을 돌아보고 설계하고, 내가 무엇에 행복해지는지를 찾고 실험해보기도 하고, 자신이 간절하게 원하는 것을 채우는 시간이다. 간절하기에 의도하여 하루 일부의 시간을 끌어와 만들어야 하는 시간이다.

엄마의 하루 중 온전히 자신에게 집중할 수 있는 프라임 시간대는 언제인가?

🖊 엄마의 시간 관리 워크샵

1. 내 하루의 시간 중 꼭 '내'가 해야 할 일로 할 일을 정리해봅니다.

버리기 = '시간 가지치기'

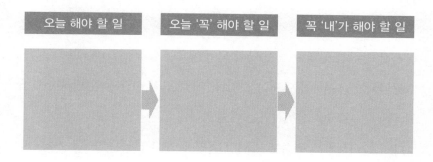

2. 하루 중 외부에 방해받지 않고 오로지 '나'에게 집중할 수 있는 30분~2시간의 프라임 시간대를 정해보도록 합니다.

프라임 시간대 정하기

	장점	단점
새벽(아침)		
낮		
밤		

이 중 자신에게 적합한 시간대는?

_____시 ~ _____시 (총   시간)

목표를 진행하는 힘! 루틴, 루틴, 또 루틴!

"습관이란 밧줄과 같다. 처음에는 실처럼 가늘었지만 행동을 반복하면 밧줄처럼 굵어진다. 그런 의미에서 우리는 날마다 습관이란 밧줄을 튼튼하게 꼬고 있는 셈이다." - 『한근태의 재정의 사전』

'시간 관리'를 잘한다는 건 나의 코어 목표에 맞춰진 To do List 실천을 습관화하여 오늘을 살아내는 것이다. 매일 일정 시간 동안 반복하는 습관, 루틴은 내 꿈을 실현시키는 데 원동력이 된다.

다시 일어서기를 원하는 재취업 과정에 계신 분들을 몇 달 간격으로 코칭하며 뵙게 되었을 때 목표를 지속시키고 성과로 만들어내는 힘은 시간 관리를 통한 습관의 힘, 루틴에서 비롯됨을 느낄 수 있었다. 물이 끓어오르기 위해서는 100도까지 올라가는 과정이 필요하다. 아웃풋이 한 번에 나오진 않는다. 이런 꾸준한 인풋의 시간이 반드시 들어가야 아웃풋이 나오게 된다.

적정의 시간을 가져야 숙성되어 풍미를 내는 와인이 되는 것처럼, 좋은 습관도 만들어지기 위해서는 적당한 시간이 지나야 한다. 습관 형성은 연구마다 말하는 기간은 조금씩 다르지만, 분명한 건 어느 정도의 시간이 걸린다는 점에 있다.

미국의 의사 맥스웰 몰츠는 우리의 뇌가 새로운 행동에 익숙해지는 데 걸리는 최소한의 시간이 21일 정도라고 했다. 손이나 발이 절단된 환자가 실체 일부를 잃었다는 사실에 익숙해지는데 걸리는 시간이 21일 정도라는 사실을 확인했기 때문이다. 때문에 우리의 습관도 최소 21일 동안 계속해야 형성이 될 수도 있음을 추론할 수 있다.

런던 대학의 제인 워들 교수는 한 실험을 통해 습관을 완전히 익히는 데는 약 66일이 걸린다는 결론에 다다랐다. 사실 실험에 참가한 사람들은 최소 18일부터 최대 254일까지 큰 편차를 보였지만, 평균적으로 약 66일이 지나면 생각이나 의지 없이 자동적으로 행동하는 게 가능했다. 정리해보자면, 21일은 습관을 뇌에 각인시키는 최소한의 시간이고, 각인시킨 습관을 66일의 시간 동안 지속해야 그 뒤로는 자동적으로 습관이 형성된다는 것으로 생각해볼 수 있다.

앞 장에서 나의 의지를 믿지 말고, 할 수밖에 없는 '환경 세팅'이 중요하다고 하였다. 이 환경 세팅에 어느 정도 성공했다면 이후에 필요한 것은 바로 반복된 습관이다. 처음에 습관 형성을 하기까지는 시간이 필요하지만, 반복될수록 행동은 익숙해지고 더욱 쉽고 효율적으로 할 수 있는 자신만의 방법을 찾게 된다.

아쉽게도 우리가 만들고 싶은 좋은 습관은 의지를 가지지 않으면 하기 힘들다. 인스턴트 음식 섭취, 자극적인 영상 시청 등의 나쁜 습관에는 쉽게 빠지지만, 안 좋은 행동을 좋은 습관으로 만들기까지는 일정 기간의 의식적인 노력과 시간이 필요하다.

나의 경우 그 노력 중에 하나가 바로 새벽 6시 미라클 모닝 습관방이었다. 뼛속까지 올빼미형이라 생각했던 내 삶이 새벽형 미라클 모닝을 실천할 수 있었던 것은 '내가 선언'하였고, 스스로 미라클 모닝방의 방장임을 자처했기 때문에 가능했다. 또한 70일간의 책 쓰기 반에 신청하여 환경을 세팅하고, 매일 새벽 6시 A4 한 장 글쓰기 습관을 가졌다. 그러한 환경 세팅과 습관으로 인해 이렇게 나는 생애 처음으로 내 이름을 낸 '책 출간'도 앞두고 있다. 직장인으로 일한 지난 10년간보다 혼자 일한 지난 몇 년간 더 많은 성장의 경험을 했다. 이런 삶을 가능케 하는 것은 실천과 경험 외엔 다른 방법이 없다. 그것도 오랜 기간 쌓인 '축적의 시간'이 있어야 가능하다. 작년 한 습관 코칭 기관에서 보내온 소책자 앞 커버에서 이런 문구를 보게 되었다.

'매일 하는 것이 나를 만든다.'

꾸준한 좋은 습관은 어느덧 끊어지지 않는 굵은 밧줄이 된다고 했다. 매일의 좋은 습관을 만들어낼 수 있도록 해빗트래커(습관 체크표)에 체크하고 매일의 루틴을 이어가는 것이 필요하다. 미래를 그리는 시간 안에서 '오늘'을 살아야 한다는 것을 잊지 말자. 그리고 매일 풍요로운 일상을 자신에게 선물하는 루틴을 만들어보자. 매일하는 것이 '미래의 나'를 만들어내는 것이니까 말이다.

✏️ 시간 관리 워크샵

매일 실천의 습관으로 만들어볼 나만의 해빗트래커를 완성해보세요.
(습관은 매일 습관, 주1~2회 등 적절하게 일정을 정하셔도 좋습니다.)

예) – 새벽 글쓰기 (매일 1시간) – SNS 답글 확인 및 이웃 방문 (주 2회)
　　– 블로그 포스팅하기 (매일 30분)
　　– 감사일기 쓰기 (매일 10분)

목표 달성을 위한 행동/습관	1 화	2 수	3 목	4 금	5 토	6 일	7 월	8 화	9 수	10 목	11 금	12 토

* 해빗트래커 양식을 '맘앤리스타트 코칭연구소' 카페 게시물에 올려두었다. 카페에서 다운받아 인쇄한 후 습관트래커로 활용해보자.

13	14	15	16	17	18	19	20	21	22	23	24	25	26	27	28	29	30	31
일	월	화	수	목	금	토	일	월	화	수	목	금	토	일	월	화	수	목

Chapter 5

온택트 시대,
엄마가 똑똑하게
일하는 법

코로나로 인해 완전히 바뀐 엄마의 생존 공식

코로나가 찾아온 2020년 나의 일상은 모든 게 멈춰버린 듯했다. 2020년 봄은 2년간의 대학원 석사 과정과 논문도 모두 마무리가 되고 졸업만을 앞두고 있었던 시기였다. 밤샘 작업을 하며 겨우 완성된 논문이 완본으로 나왔을 때의 뿌듯함이 아직도 잊히지 않는다. 발 동동거리며 낮에는 재택근무와 출강, 일주일에 두어 번은 저녁으로 대학원 수업을 들으며 학업을 유지해왔던 터라 졸업을 손꼽아 기다렸건만 야속한 코로나로 졸업 수료는 되었으나 졸업식이 한 학기 연기되는 예기치 못한 상황들이 생기기도 했다.

코로나로 아이들의 등원, 등교 일상도 모두 멈춰버렸다. 메르스 때처럼 잠깐 앓고 갈 거라 생각했던 것과는 달리 확진자 수는 계속 늘어났고, 모든 시스템은 온라인 시스템으로 바뀌어가기 시작했다. 코로나의 유행 초기에는 강의 시장은 말 그대로 급속 냉동 상태란 표현이 맞을 것 같았다. 온라인 강의 시스템과 체계가 그 당시만 해도 잘 잡혀 있지 않은 시기였던지라 오프라인 강의 일정은 줄줄이 취소되거나 무기한 연기였다. 그나마 재택으로 근무하던 온라인 면접 코칭과 상담을 이어나갔다. 사실 재택 업무조차도 제대로 하긴 어려웠다. 아이들이 등원, 등교 자체를 몇 달간 못 했었기에 아이들과 오롯이 집에 함께 있어야 했으니 말이다. 내 개인 사무공간인 서재에서 잡힌 온라인 강의와 코칭 일정으로 한 번 들어갔다 하면 2~3시간씩 돌봄 공석을 두어야 했으니 그야말로 집 안에서 일과 육아를 널뛰듯이 했던 시기이기도 하다.

코로나로 인해 바뀐 생존 공식

코로나 초기 일상에서는 '조급증'과 '불안감'이 내면에 많이 자리 잡혀 있어서 힘들었던 것 같다. 열심히 달려가다가 갑자기 급브레이크가 걸린 느낌이랄까. 지금 생각해보면 또한 그때 그 시기가 있었기에 앞만 보고 달려가던 내 삶의 기로에서 다시 한번 나와 나의 아이들을 돌아볼 수 있었던 값진 시기이기도 하다. 불안과 조급증을 내려놓고 아이들을 바라보며 생각했다.

'그래, 난 엄마로서 우리 아이들과 함께하고 싶기도 했었지…. 이 시기 직장에 다니는 엄마들은 얼마나 힘든 시기를 보내고 있을까….'

비교적 내 일은 시간과 공간에 탄력적인 편이였던 터라 내 현재의 삶에 대해 새삼 감사한 마음으로 생각을 채워나가기 시작했다. 몇 년 전 아이들을 낳고 키우며 생각했던 나라는 자신의 자리, 엄마로서의 자리, 아내로서의 자리, 가정의 한 일원으로서의 자리를 균형 있게 맞출 수 있도록 노력했던 그 몇 년간의 노력들이 헛되진 않았다는 생각을 하면서 말이다.

하지만 코로나로 인해 달라진 일상에 빨리 적응해야만 했다. 아이들 학교, 학원이 모두 온라인으로 바뀐 시스템에서 또 언제 다시 등교를 하게 될지 모를, 멈춰버린 듯한 이 무기한 상황에서 나에겐 무언가의 돌파구가 필요했다. 그렇게 코로나로 멈춰버린 흐름 안에 한 기사에서 아래의 문구를 보게 되었다.

"바뀐 생존 공식에서 나는 어떻게 살아남을 것인가!"
"세계는 이제 코로나 이전과 코로나 이후로 구분될 것이다."
– 토머스 프리드먼

이전의 일상으로 돌아가기만을 바랐던 그 당시 나에게 이 메시지는 매우 획기적이었다. 코로나로 인해 우리는 바뀐 생존 공식에 적응해야만 한다는 것이다. 언택트 세계를 넘어 온택트 시장이 된 우리의 일상은 모든 것이 빠르게 온라인 시스템화되어가는 것을 체감하고 있던 차였다. 우리 인간은 그래도 빠르게 우리 삶의 편리한 방식으로 새롭게 시스템을 정착시키는 능력이 탁월하단 생각이 든다. 초반 EBS 일방향 학교 교육 방식에서 쌍방향의 화상강의 시스템으로 잡혀가고, 더불어 강의 시장도 빠르게 온라인 강의 시스템으로 바뀌어가고 있었으니 말이다. 마침, 나 또한 신세계를 접한 기분이었다. 이전에는 유용한 교육이나 강의 하나 참여하려 하기만 해도 장소와 시간에 대한 제한으로 어려웠는데 갑자기 집에서 편하게 온라인 교육으로 모두 들을 수 있기 시작한 것이다. 또한 갑작스럽게 생긴 여러 개의 오픈 톡방에서 유용한 온라인 교육과 강의들이 봇물 터지듯이 나오기 시작했고, 여러 교육기관에서 하는 교육들도 처음에는 교육 일정이 모두 취소되더니 온라인 교육으로 전환되어 참여할 수 있는 편리함이 생겨났다. 코로나로 인해 바뀐 온라인 신세계였다.

코로나가 불러온 접속과 연결의 시대

21세기를 초연결 시대라고들 한다. 제러미 리프킨은 『소유의 종말』에서 "연결된 사람과 연결되지 못한 사람의 격차는 더욱 커질 것"이라도 말했다. 제러미 리프킨에 따르면 소유의 반대말은 '접속'이다. 실생활에서 무소유는 접속이라는 형태로 나타나기 때문이다. 변화의 핵심은 자기가 아닌 모든 것을 버림으로써 오며 열정을 향한 끊임없는 'Movement'에서 온다. 바뀐 세상에 적응하고 변화하려 하지 않고 고인 물처럼 멈춰 있으면 변화와 성장이 이뤄지지 않을 것이었다.

코로나로 인해 바뀐 생존 공식과 초연결 시대에 나 또한 무언가 변화를 향한 'Movement'가 필요했다. 그것의 시작이 바로 온라인에서 나를 드러내고 연결시켜야 한다는 것이었다. 이전에 온라인 분야 직무로 기업에서 그래도 10여 년간 근무를 한 탓에 온라인에는 익숙하긴 했지만 나를 드러내는 SNS에는 아직 낯설기만 한 나였다. 지금 현재 내가 할 수 있는 것들을 생각하기 시작했다. 이전부터 나만의 전문성과 콘텐츠로 프리랜서 1인 지식 기업가의 삶을 꿈꿔왔던 나에게 지금이 나를 조금씩 세상에 알리고 연결시켜야 할 잠재된 수련기란 생각이 들었다.

이전에 조금씩 혼자서 끄적거렸던 블로그를 다시 들춰보기 시작했다. 1인 지식 크리에이터로 블로그에서 자신을 셀프 브랜딩하여 1인 기업가로 성장한 '바닐라라떼(블로그 닉네임)' 강사님이 생각이 났다. 일전에 현장에서 바라님의 강의와 교육을 접하며 블로그에서 나만의 콘텐츠로 영향력을 발휘할 수 있음을 익히 보아왔던 참이었다. 언젠가 나도 저분처럼 온라인 플랫폼에서 나만의 콘텐츠로 영향력을 발휘할 수 있으면 좋겠다는 생각을 했었는데, 지금이 바로 이 플랫폼에서 나만의 콘텐츠에 집중해 기록하고 세상에 나를 연결시켜야 할 시기란 생각이 든 것이다.

온택트 시대는 엄마의 커리어를 만들어가는 시간

내가 나를 SNS에 드러내고 포트폴리오를 쌓아나가는 과정에서 느끼고 보게 된 것은 온라인 세상에 조금씩 자신의 재능과 흥미 분야를 자신의 SNS에 담아내고 있는 '직장맘과 육아기 전업맘'의 활발한 SNS 활동이었다. 그동안의 응축된 자신의 재능을 쏟아낼 접점을 찾아낸 것마냥 활발하게 자신이 관심 있는 것, 배우는 것, 성장하는 그 과정을 담아내는 모습이 많이 보였다.

의도적으로 한 것이든, 아닌 것이든 크게 상관은 없다. 꾸준히 자신의 관심 분야 혹은 주제를 올리고 그 안에서 일상을 공유하면서 점차 자신만의 '브랜드'를 만들어가는 과정을 보게 되었다. 독서, 육아, 푸드, 공예, 캘리그래피, 운동 습관, 자녀교육, 자기계발, 부동산 등 엄마라면 가지고 있을 법한 자신만의 취미나 재능이 그 사람만의 스토리가 되고 함께하는 과정으로 발전하는 모습을 또 보게 된다. 새로운 경력을 만들어가는 것이다.

과거의 내가 아닌, 육아라는 또 다른 분야의 경력 보유기를 가진 현재의 '내'가 해보고 싶은 일, 꿈꿔왔던 일, 도전해보고 싶은 일을 찾아내고 그것을 온라인에 기록하고 경력을 만들어가는 것이다. 기록은 사라지지 않는다. 내가 진심으로 나만의 전문성을 키워가고 성장하고 그 과정을 담아내는 것에서 진정성이 생겨나고 그 진정성은 내 이웃과 고객에게 전달이 되는 것이다.

『김미경의 리부트』의 저자 김미경은 "온택트 정신은 내가 먼저 세상과 연결하기 위해 움직이고 다가가는 것이다."라고 했다. 무언가 변화가 필요하고 세상과의 접점을 찾는다면 새롭게 도래된 온택트 시대에 먼저 다가가고 연결의 지점을 찾는 것이 필요해진 것이다.

온택트 세상은 '재택근무'의 황금기

코로나19가 불러온 온택트 시대에 확장된 근무 형태가 바로 '재택근무'였다. 프리랜서이자 엄마로서 어느덧 온택트 시기의 시스템에 반가움이 점차 생기기 시작했다. 위드 코로나로 접어들면서 조금씩 우리의 일상은 제자리를 찾아가겠지만 온택트 세상에 이미 맞춰진 시스템은 아마 쉬이 돌아가지 않을 것이다. 코로나가 종식된다 하더라도 예전의 세상으로 돌아가기보다 온&오프라인이 함께 가는 세상이 되지 않을까. 우리는 알게 모르게 일상생활에서 '온택트형 정신'으로 어느 정도 안정화가 되었기도 하기 때문이다. 이미 온라인 세상의 편리함을 알았는데 군이 이전의 불편한 오프라인 시장으로 돌아가려 하지 않을 것이다.

일상과의 단절에서 시작된 '불안감'은 우리 사람들로 하여금 좀 더 능동적으로 움직이게 하는 힘을 갖게 한다. 프리랜서로 활동하면서 나만의 콘텐츠와 전문성을 가지고 좀 더 독립적 형태인 1인 기업인이 되고자 했던 나의 노력들이 좀 더 본격화되기 시작했다. '1인 기업가'라는 단어 자체가 매우 생소하고 어렵게 와닿을 수 있지만, 앞 장에서 충분히 언급했듯 직장 내 피고용자의 마인드가 아닌 나 스스로 1인 기업가라는 마인드로 자신만의 전문 분야에서 콘텐츠로 일을 만들어내면 그것이 곧 1인 기업가이다. 내가 1인 기업가 마인드를 매우 중요하게 생각하고 강조하는 이유는 기업 내에서는 주어지는 일이 아닌 나 스스로 일을 주도적이고 책임감을 가지고 직무에 임하게 되며 기업을 벗어나서도 자신의 역량으로 독립적으로 일할 방법을 끊임없이 생각하게 되기 때문이다.

SNS는 나의 소셜 커리어 이력서이다

나는 'SNS란 나를 대신해 나를 알려주는 명함이자, 내 경험과 이력이 담긴 온라인 커리어 포트폴리오'라고 늘 전하고 있다. 즉 SNS가 나를 표현할 수 있는 소셜 커리어 이력서인 셈인 것이다. 이제는 어디 가서도 내 명함에 나의 소셜 계정 하나만 기재해놓으면 내가 굳이 나는 어떤 사람이고 나란 사람은 어떤 일을 하는 사람인지 설명하지 않아도 된다. 꾸준히 누적된 나만의 온라인 포트폴리오가 그것을 증명하고 있기 때문이다.

21세기 지식창조사회의 대표적인 지식노동자였던 피터 드러커는 지식을 얻는 방법에 대해 3~4년마다 관심 분야를 하나 정해서 공부하고 스스로 글을 쓰면서 지식을 얻게 되었다고 했다. 또한 몇 년 전 참여한 오프라인 교육현장에서 강사가 이런 비슷한 말을 했었다. '특정 분야 전문가가 되기 위해선 적어도 관련 책 10권 이상, 관련 강의 3번 이상은 보고 들어야 한다'고 말이다.

여기에 하나를 내가 더 추가하자면 '특정 분야 전문가가 되기 위해 관련분야 전문 주제를 적어도 일주일에 3~4번 이상 온라인에 기록한다면 그 분야의 지식을 쌓을 뿐만 아니라, 그 분야의 전문가로 인정받게 될 것이다.'라고 말하고 싶다. 꼭 어떤 분야의 자격증이나 대학원 학위를 취득하는 것만이 그 분야의 깊이를 더하는 것은 아니다. 아니 오히려 자격증과 학위는 겉으로 보이는 혹은 인정되는 이력일 뿐이지만 자신 스스로 쌓여가는 내공은 별개의 것이다. 토익 900점을 넘는다고 해서 영어 의사소통이 모두 해결이 되지 않는 것처럼 말이다.

또한 독서와 일상생활의 경험으로 인풋된 나의 지식과 성찰의 생각을 글로써 한 자 한 자 기록해나가다 보면 나의 생각이 좀 더 다듬어지고 정교해져감을 느낄 수 있다. 내 생각을 조리 있게 말하는 것과 쓰는 것은 다른 것처럼 말이다.

또한 온라인에 꾸준히 기록해나간 나의 깊이 있는 성찰은 다른 누군가 보았을 때 충분히 이 분야의 전문가 혹은 잘 알고 있는 지식인이구나라는 생각을 하게 하는 놀라운 힘이 있다. 생각해보자. 매일같이 내가 관심 있는 분야의 전문가의 책이나 강의를 탐독하고 거기에 내 사견을 붙여 기록해놓은 것을 이 분야를 잘 모르는 생소한 사람들이 본다면 나는 그들에게 내가 아는 깊이만큼의 지식과 경험을 전달할 수 있는 지식 서비스 생산자로 충분히 보일 수 있지 않을까?

즉, 제3자는 누적된 콘텐츠가 쌓인 SNS를 통해 이 온라인 지식 크리에이터의 커리어를 보게 되는 것이다. 그렇게 꾸준히 이 사람의 SNS 콘텐츠를 구독하여 보며 공감을 하고 도움을 받다가 어느 날 이 계정의 주인(전문가)에게 조언을 구하고 싶은 순간이 생길 수도 있고 이 운영자의 유용한 강좌가 생기게 되면 강의를 들어보고 싶을 수도 있다. 지식 콘텐츠 크리에이터와 소비자와의 서비스 거래가 생기는 접점이 생기는 것이다.

누적된 콘텐츠와 신뢰성이 비즈니스를 생성시킨다

　SNS에 누적된 콘텐츠가 소비자와의 서비스 거래가 생기는 접점이라고 언급했는데, 이는 구체적으로 어떻게 이뤄지는 것일까.

　한 예를 들어보자. 아이 그림책 지도에 관심이 많은 한 엄마가 어느 날 검색창에 '초등 2학년이 읽으면 좋을 그림책'을 검색해보았다고 하자. 처음엔 아이에게 읽어주고 싶은 그림책을 알아보려 했다가 검색 결과에 '초등 남자아이를 둔 엄마가 읽히면 좋을 교과연계 그림책'이라는 호기심과 궁금증을 자아내게 하는 블로그 제목을 보고 클릭하고 보게 된다. 읽다 보니 작성자(블로거)가 정성스럽게 올린 정보가 너무나 유용해 보인다. 관련 그림책에 대한 정보뿐 아니라 그 블로거가 이 그림책을 자신의 아이에게 읽히고 난 생생한 경험담을 보니 이 운영자에 대한 신뢰감이 생긴다. 운영자의 닉네임은 '그림책하루일기맘'이었다. 그러다 그림책하루일기맘의 블로그에는 자신이 현재 관심 있는 그림책에 관련된 유용한 포스팅이 여러 개 있음을 알게 된다. 그렇게 이 운영자의 블로그를 즐겨찾기 혹은 이웃추가를 하고서 구독해 보게 된다. 포스팅 글이 너무나 공감이 되어 공감버튼을 누르기도 하고 궁금한 점이 생겨 질문도 남겨보며 소통을 하다 보니 그림책하루일기맘에게 더 깊이 있는 신뢰가 생긴다.
　그러던 어느 날 '초등책 위인전 그림책 읽히기 꿀팁을 2시간에 모두 전

합니다'라는 강의나 상담 코너가 오픈이 되었다. 순간 평소 신뢰감을 가지고 구독했던 그림책하루일기맘의 2시간 강의를 들어보고 싶은 생각이 들어 서비스 구매를 하게 된다.

생각해보면 알게 모르게 우리는 이러한 경험으로 서비스를 구매한 경험이 있을 것이다. 이렇게 SNS를 통해 운영자의 꾸준히 누적된 전문 주제 콘텐츠와 형성된 신뢰는 온라인 비즈니스로 형성되기도 한다. 혹시 느껴지는가? 단순히 일상을 기록했던 SNS가 나 자신을 찾아가는 자아실현의 장이 되기도 하고, 내가 좋아하는 것 혹은 관심 있는 주제를 꾸준히 올리고 기록하면서 소셜 커리어 포트폴리오가 되기도 하고, 누적된 콘텐츠와 신뢰성을 바탕으로 온라인 비즈니스가 형성되기도 한다는 것을. 원래부터 전문가가 아니어도 꾸준함과 진정성을 가지고 지속만 한다면 누구나 만들어나갈 수 있는 것이 바로 이 SNS 온라인 플랫폼이다.

브랜딩으로 완성되는 '엄마의 퍼스널 브랜드'

　내가 SNS 브랜딩으로 관심을 기울이자 보이기 시작한 키워드가 '퍼스널 브랜딩'이었다. 그래서 그런 걸까, 유난히 온라인 시장이 확대되고 여기저기서 SNS 마케팅, 퍼스널 브랜딩에 대한 사람들의 관심이 커짐을 느꼈다. 그야말로 인스타, 블로그, 유튜브, 페이스북 등 1인 SNS 플랫폼 안에서의 서비스와 유통이 급속도로 성장하고 있음을 체감하게 된다. SNS는 1인 플랫폼이고, 이 1인 플랫폼 안에서의 브랜딩이란 매우 중요하게 여겨졌다. '브랜딩?', '브랜드'… 자주 접해보긴 했지만 친숙하지만은 않은 키워드이다.

'브랜드'란 판매자들이 상품이나 서비스를 식별시키고 경쟁자들의 것과 차별화하기 위해 사용하는 독특한 이름이나 상징물의 결합체'라고 하고 있다. 쉽게 말해 그 상품하면 바로 떠올려지는 상징적인 이름이다. 예를 들어, 스포츠 운동화 하면 '나이키', 대한민국 하면 '붉은악마', 아이스크림 하면 '배스킨라빈스'를 떠올리는 경우이다.

그렇다면 '사람'도 브랜드가 될 수 있을까? 어떤 사람이 자기 분야에서 실력으로 신뢰를 얻고 그 사람이 관련된 것에 믿음을 줄 수 있다면 그 사람의 이름은 곧 브랜드가 될 수 있다. 예를 들어 컴퓨터 바이러스 백신하면 떠오르는 안철수 박사, 방송연예계의 대표 엔터테인먼트하면 SM 이수만 대표, JYP의 박진영 대표, 피겨스케이팅하면 떠올려지는 김연아도 자신만의 대표 퍼스널 브랜딩을 완성시킨 사람들이라 할 수 있다.

브랜드가 특정 이미지의 완성체라면 퍼스널 브랜딩(Personal Branding)은 개인(personal)이 특정 분야에서 자신이 의도한 이미지(brand)로 떠올려질 수 있도록 만들어가는 과정(-ing)이다. 퍼스널 브랜딩 의미 자체를 이해하게 된다면 SNS 소셜 플랫폼에서 왜 개인의 브랜딩이 필수로 필요한지 알 수 있다. SNS는 개인을 자유롭게 표현하는 장이다. 그 누군가는 일상에서 자신의 소소한 재미와 표현을 위해서, 누군가는 지인 혹은 관심사가 비슷한 이웃들과 소통하고 공감받기 위해서, 누군가는 자신의 개인 사업을 홍보하기 위해서든 SNS를 활용하게 되는데 개인

(Personal)이 표현하고 싶고 드러내고 싶은 이미지를 떠올리며 피드를 올리게 된다. 즉, 자신이 보여주고 싶은 이미지를 표현해내는 과정 자체가 퍼스널 브랜딩이 될 수 있는 것이다.

이 과정에서 나는 내가 어떤 이유로 '퍼스널 브랜딩'에 관심을 갖게 되었는지 깨달았다. 유행처럼 떠도는 말이어서가 아닌 1인 미디어에서 자신의 정체성, 남들과 다른 차별화가 만들어지는 지점은 바로 브랜딩을 해나가는 과정에서 비롯되는 것임을 알 수 있었다. 1997년 톰 피터스(Tom Peters)는 한 경제 잡지에서 '당신이라고 불리는 브랜드(The brand called you)'라는 기고문을 발표했고 이후 1인 기업가, 프리랜서의 독립적이고 유연한 경력 개발 근무 형태가 주목받게 될 것이라고 했다. 또한 오늘날은 과거 '조직적 경력'에서 '개인 주도 경력'으로 주목받고 있는 시대이다. 개인의 시대가 도래된 만큼 앞으로 우리는 나 자신을 표현해내는 과정에서 자신이 가지고 있는 유무형의 콘텐츠를 생산해내게 된다. 또한 '나다움' 안에서 형성되는 콘텐츠는 개인의 브랜딩으로 완성된다. 바로 당신의 브랜드, 엄마의 '퍼스널 브랜딩'이다.

브랜딩이란 '내가 누구인지' 알아가는 과정이다

코로나가 덮친 그해 2월, 단순히 블로그를 성장시키기 위함이 아닌 나의 셀프 브랜딩을 위해 '블로그 글쓰기 30일 과정'에 참여했다. 매일

1,400자 이상의 분량으로 글쓰기를 해야 했던 과정이라 고민은 됐지만 나의 철학이 '해야 되는 환경 설계를 만들자'가 있었기에 일단 블로그 글쓰기 반에 참여하여 시작하게 되었다. 무슨 주제로 써야 할지 몰라 일단 일상 이야기, 일기 식으로 중구난방으로 적어가다 조금씩 내가 드러내고 싶은 주제에 대해 고민하게 되었다.

그 당시 주로 취업 면접, 진로 분야 강의와 면접 코칭이 주로 나의 주된 업무였기 때문에 강의 현장이나 자기소개서, 면접팁 등을 처음에는 적어갔다. 쓸 것이 점차 고갈되어가고, 무언가 매일 써내려가야만 했던 나는 점차 내가 정말 원하는 일이 무엇인지에 관해 성찰하는 글을 써내려가게 됐다. 나는 어떤 일을 할 때 만족을 느끼고 성취감을 느끼는지, 누구를 대상으로 내 이야기를 전하고 싶은지…. 그 당시 블로그 글쓰기 과정은 단순히 글쓰기 과정이 아닌 나를 찾아가고 나를 돌아보는 계기가 된 것이다.

생각만 하던 것을 온라인에서 한 자 한 자 활자화하여 글로 써내려가는 과정은 나의 생각을 구체화시킬 수 있는 계기가 되기도 했다. 나는 어떤 삶을 꿈꾸는지, 진정한 나다움이란 무엇인지 다시 일어서기를 꿈꾸고 변화하며 성장하기를 희망하는 이들을 위한 커리어 플랫폼을 생각하고 그들의 꿈을 지지하는 멘토가 되고 싶다는 생각을 막연하게 했었는데, 온라인에 글로 적어가고 나를 소개하는 글을 쓰자 신기하게도 내가 어느덧 그런 멘토가 되어 있는 것만 같았다. 온라인에 적힌 스토리와 누적된 기록이 그것을 증명해주기 때문이었다.

돌이켜보면 나는 항상 나 자신에 대한 탐구를 많이 했었다. 처음엔 단순히 내 이웃과 방문자를 늘리기 위한 블로그 글쓰기였다. 하지만 '무엇을 위해 이렇게 해야 하는가?', '단순히 팔로워와 방문자를 늘리기 위한 SNS 활동이 어떤 의미가 있는 것인가?'란 생각에 이러한 활동을 하는 나만의 의미를 찾았던 것 같다. 내면의 호기심이 자꾸만 나를 성찰하게 만들었던 것이다. 돌이켜보면 그것이 바로 '나만의 브랜딩을 해내가는 한 과정'이었음을 깨닫게 된다.

"내가 원하는 삶은?"
"Memento mori! 삶의 마지막 순간 나는 어떤 사람으로 기억되고 싶은가?"

『브랜드가 되어 간다는 것』의 저자 강민호는 "진정한 브랜드란 날 것 그대로의 나를 보여주는 것"이라고 했다. 살면서 타인의 기대에 맞춰진 삶이 아닌, 나의 본질을 파악하고 나의 삶의 철학을 바탕으로 내가 원하는 삶을 실현시켜가는 과정 자체가 '브랜딩'이라고 나는 해석했다. 때문에 내가 살아온 경험과 그 경험을 바탕으로 찾아낸 내가 좋아하는 것, 잘하는 것, 가치관 등 나의 본질과 정체성을 찾아보는 과정이 필요하다. 바로 '나'라는 브랜드를 만나는 시간이다.

단조로운 듯 또한 바쁜 듯한 엄마의 삶은 '나를 잃어가는 것'에서 힘겨움이 찾아온다. 오로지 자신에게 집중할 수 있었던 결혼 전과는 달리, 결혼 후 가정이 생기고 내 아이가 찾아온 순간 엄마의 매순간 선택의 추는 나보다는 아이에게 집중이 될 때가 많다. 아이에게 집중하지 말자는 것이 아니다. 때로 찾아오는 엄마의 무기력과 떨어지는 자존감이 무엇에서 비롯되는 것인지 들여다보자는 것, 즉 다시 '나'라는 브랜드를 찾아보자는 것이다. '브랜딩'이란 내가 나를 알아가는 과정이라는 생각에서부터 시작해보자. 차근히 나를 탐색하고 알아가는 과정에서 '당신만의 브랜딩'이 완성되어갈 것이다. 다음은 2020년 3월의 어느 날 개인 블로그에 남긴 나의 소개 글 중 일부이다. 그때 나를 들여다보고, 내가 그리는 것들은 나만의 브랜딩으로 완성되어갈 수 있었다.

"여성들의 커리어 도약과 성장을 위한 프로그램을 구축하고 커뮤니티를 구축해보고 싶어요. 꿈을 그리고… 다시 일어서기를 희망하는 분들의 '자신감을 회복하고 본인만의 강점을 살려 다시 시작하기'라는 프로그램을 운영해보고 싶어요. 강의, 코칭, 모임, 워크샵 등의 여러 가지 형태가 있을 수 있을 것 같은데요, 그냥 요즘은 이런 일을 생각하고 구상하는 것만으로도 활력이 되고 좋아요."

– 2020년 3월 22일 개인 블로그에 남긴 나의 소개글 중에서

브랜딩은 '보여주고 싶은 나'를 찾는 과정이다

브랜딩은 '보여주고 싶은 나'를 찾는 과정이기도 하다. '있는 그대로의 나'에서 이제는 내가 앞으로 '세상에 드러내고 싶은 나의 이미지', '보여주고 싶은 나'를 찾아가는 것이다. 나라는 사람은 여러 가지의 페르소나가 있다. 페르소나란 타인에게 보이는 외적 성격을 이르는 심리학 용어로 우리는 이 페르소나를 통해 나타나는 표면적 이미지에 대접받게 된다. 특정 누군가를 생각하면 떠올려지는 키워드가 바로 이미지이다. 호기심 많은 디자이너, 산만하지만 유쾌한 캠퍼, 브릿팝을 좋아하는 마케터, 매력적인 미니멀리스트, 여행을 좋아하는 사진작가와 같은 것을 말한다.

'보여주고 싶은 나'인 페르소나는 먼저 자신을 이루는 키워드를 생각나는 대로 나열해보거나 평소 좋아하는 것과 잘하는 것, 그리고 현재의 직업군 혹은 앞으로 내가 되고 싶은 직업적 명함(명칭)을 그룹핑하여 정의해보면 좋다.

1) 먼저, 나 하면 떠올려지는 키워드를 생각나는 대로 모두 나열한다.
프리랜서, 여행, 유쾌함, 아동심리, 글쓰기, 그리기, 그림책, 만들기, 사람 만나기, 심리학, 미라클 모닝, 독서 모임, 30대 여성, 수영, 운동, 등산

2) 좋아하는 것과 잘하는 것, 전공과 스킬 등을 나열한다.

새로운 것 배우기, 아이들, 교육학, 카운슬링, 사람 만나기, 심리학, 긍정 에너지, 사진, 만들기, 아로마테라피

3) 그룹핑하여 '보여주고 싶은 나'를 정의해본다.

유쾌한/책 읽는/꿈꾸는 그림책 테라피스트

또한 나만의 퍼스널 브랜딩을 구축하길 원하는 이들은 다음의 4가지를 정의해보고 가는 것이 필요하다.

1) 브랜딩 목적 (Purpose)

2) 페르소나 (Persona)

3) 콘텐츠 (Contents)

4) 플랫폼 (SNS 채널)

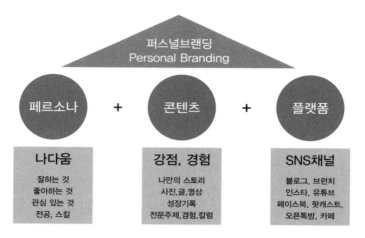

[퍼스널 브랜딩 구축 모델]

즉, 나만의 퍼스널 브랜딩은 내가 세운 브랜딩의 목적(Purpose)에 '세상에 보여주고 싶은 나'의 이미지(Persona)를 선정하고, 그 이미지를 떠올릴 수 있는 '콘텐츠'를 자신이 주로 잘 활용할 수 있는 SNS 채널에 드러냄으로써 해나갈 수 있다. 모든 SNS 채널을 활용하기는 어렵기 때문에 영상 제작과 편집에 강한 사람이라면 유튜브를, 감성적 사진과 짧은 단편의 생각의 끄적임에 강한 사람이라면 인스타를, 전문 칼럼이나 글쓰기에 좀 더 강한 사람이라면 블로그나 브런치 등의 채널을 활용하면 된다. 채널에 올라오는 콘텐츠는 나의 이미지를 표현하기 때문에 지속적인 영향력을 만들어내는 것이 중요하다. 그렇다면 이러한 지속적인 영향력은 어떻게 만들어낼 수 있을까.

『과정의 발견』에서 조연심 작가는 "SNS 연결시대에 브랜드는 누적된 가치가 중요하다. 지속적으로 영향을 만들 수 있어야 한다"고 했다. 코로나가 덮친 그해 SNS를 나도 본격적으로 하게 되면서 내가 깨달은 점이 하나 있다면, 그것은 바로 SNS에서는 누적된 자신만의 콘텐츠와 진정성이 밑바탕이 되어야 한다는 것이었다. 누구나 SNS를 시작할 수는 있지만 사람들에게 신뢰감을 주고 오랜 지속성을 끌고가는 것은 어렵다. 또한 신뢰감과 지속성은 소통과 꾸준함에서 비롯될 수가 있었다. 블로그 글쓰기 30일 과정이 끝난 이후에도 나는 블로그에 내가 그리는 이미지를 생각하며 성찰하고 일과 일상을 기록하는 것에서 멈추는 것이 아닌 '내가 드러내고 싶은 나만의 이미지'가 느껴지고 전문성을 드러낼 수 있는 칼럼들로 채워가기 시작했다.

무언가의 특정 소재, 예를 들어 책이나 영화 이야기를 많이 하면 사람들은 자연스레 '책을 많이 읽고 영화를 좋아하는 사람이구나.' 하고 생각하게 된다. 베이킹을 좋아하는 사람이 매일같이 꾸준히 베이킹하는 모습의 사진, 그리고 작품의 결과물을 만들어내는 과정이 지속된다면 그 사람은 베이킹을 좋아하는 사람, 때로는 그 분야의 '전문가'라는 인상까지 만들어낼 수 있다. 바로 '베이킹 전문가'로서의 퍼스널 브랜딩이 구축되어지는 것이다. 나의 경우 여성 커리어 분야 전문가로서의 이미지 브랜딩을 위해 경력단절여성에서 다시 내가 좋아하고 잘하는 일을 찾기까지의 진솔한 경험 스토리, 실제 강의와 코칭 현장, 그리고 그들에게 도움이 될 만한 전문성이 느껴지는 칼럼형 콘텐츠를 발행하기 시작했다.

콘텐츠의 가치는 누적된 기록과 신뢰성으로 발현되기 시작한다. 단순 흥미로 반짝 며칠 동안 여러 개의 피드와 포스팅을 하고 방치하는 것이 아닌, 일관성 있게 해당 분야의 양질의 콘텐츠를 꾸준히 발행하는 것이 절대적으로 필요하다. 누적된 기록을 쌓아가는 과정이 바로 '브랜딩'이다.

브랜드 마케터 강만호 씨는 "브랜드에서는 철학이 중요하다"고 했다. 단순히 보여주기 식이 아닌 콘텐츠 발행자의 일상과 단상에서 그 사람의 철학과 가치관을 느낄 수 있다. 그 철학은 그 사람이 발행하는 '서비스와 상품'에도 영향을 주게 된다. 소비자가 단순히 상품을 사는 것이 아닌 상품의 브랜드를 보고 소비하는 것과 같은 이치다. 나의 삶의 의미는 무엇인지? 나는 왜 이 일을 하고 있는지? 나는 어떤 삶의 가치관으로 살아가는지? 내가 이 상품을 만들어낸 이유는 무엇인지? 사람들은 왜 이 상품과 서비스를 선택하게 되는지?

엄마의 두 번째 명함을 찾아가는 책에서 왜 '브랜드' 이야기는 구구절절하는 것일지 궁금해하는 독자도 있을 것 같다. 그것은 바로 필자가 브랜드를 삶의 영역과 일의 영역으로 구분할 수 없다고 생각하기 때문이다. '일'이라는 것은 '내가 누구인지 알아가는 과정'이고 나의 가능성을 발견할 수 있도록 돕는 기회를 제공한다. 일의 의미를 단순히 사람이 삶에서 영위하기 위한 생계 활동으로만 받아들이기보다는 자신의 삶에서 내 가치관을 실현시켜나가는 즐거운 생산적인 활동으로 조금은 더 유연하게 받아들이는 자세가 필요할 것이다.

그러한 관점으로 볼 때 '브랜딩'과 '일'은 내가 누구인지 알아가고 보여주고 싶은 나를 찾는 과정으로 동일한 속성을 가지고 있다. 앞서 SNS는 나만의 소셜 커리어 이력서라고 했다. 커리어 이력서란 무엇이던가. 지원자의 직무 경력사항, 자격사항, 교육이력들이 기술되어 있다. 또한 이 지원자의 자기소개서를 보면 이 직무를 시작하게 된 계기, 본인 성격의 장단점, 직무 경험 사항, 지원자만의 경험스토리와 가치관 등을 읽어내려갈 수 있다. 입사지원서가 요약된 자신만의 페이퍼 커리어 이력서라면 지원자의 SNS는 낱낱이 풀어낸 지원자만의 경험 스토리가 담겨 있다고 할 수 있다. 콘텐츠 형태로 그 당시 운영자의 생생한 생각과 목소리가 글과 영상, 사진으로 담겨 있기 때문에 더욱 믿음과 신뢰를 심어줄 수 있다.

육아기의 엄마 대상으로 현장에서 코칭을 진행하다 보면, 많은 이들이 아이 키우는 자신의 현재의 삶에 특별할 것이 없다고 생각하는 것을 느낄 수 있었다. 하지만 그 특별할 것이 없다고 느꼈던 일상에서 조금씩 기록으로 남기다 보면 그것이 곧 나를 찾는 과정이 되기도 하고, 하고 싶은 일들을 찾아가게 되기도 한다. 그리고 그것이 곧 자신의 '브랜드'가 된다. 단지 경력 단절기라고 생각했던 이 기간에 이러한 '브랜딩' 과정을 겪으면서 엄마의 일상은 '특별한 삶'이자 새로운 경력의 도약기가 될 수 있다.

유튜브 시대에 굳이 블로그를 추천하는 이유

온라인 시장의 확대로 콘텐츠 하나로 부자 되는 사람이 등장하고 콘텐츠가 막대한 돈이 된다는 걸 알게 되면서 성공 방정식이 달라지기 시작한 것 같다. 유튜버 전성시대라고 할 만큼 유튜브를 시작하는 이들이 급상승했고 여기저기서 1인 미디어 콘텐츠와 관련된 강좌가 쏟아지기 시작한 것이다.

나 또한 작년 한 해 '뻘짓'의 경험을 많이 해보겠다고 유튜브 계정도 만들고 몇 개의 콘텐츠를 제작해 영상으로 올려보기도 했다. 하면서 느꼈던 점은 유튜브는 누구나 시작할 수 있지만 누구나 꾸준히 그리고 잘할 수 있는 것은 아니구나라는 것이었다. 유튜브는 구독자와 팔로워를 최대한 많이 모은 다음 각종 제휴와 협찬으로 수익화할 수 있는 구조이다. 어느 정도 선까지는 유행하는 콘텐츠 포맷을 카피해서 사람들을 모을 수 있지만, 파워 인플루언서가 되기 위해서는 자신만의 확고한 팬덤을 만들어야 하기 때문에 다른 채널에서는 볼 수 없는 차별화된 콘텐츠를 보여줘야 한다.

반면 블로그는 초보라도 일상 이야기로 시작할 수 있는 플랫폼이다. 블로그는 글쓰기의 부담으로 쉽게 시작하지 못하는 분들이 있지만, 한번 시작하면 글쓰기의 매력에 빠지게 되는 것 또한 블로그이다. 또한 블로그는 글을 많이 올리고 서로 이웃을 늘리면 최적화가 되어 상위 노출이 잘되는 특성이 있다. 아직도 우리나라의 압도적인 검색 서비스는 네이버이기 때문에 자신이 원하는 분야의 '검색 키워드'만 적절히 사용하면 나를 수면 위에 세상에 잘 드러낼 수 있도록 하는 것도 블로그이다. 대부분 나에게 들어오는 강의 요청도 '블로그'를 본격적으로 시작하면서부터였다. 더 이상 찾아다니는 강의가 아닌, 내가 의도한 '브랜딩이 된 나'를 찾아 의뢰한 강의를 하게 되었다. 돈이 드는 것도 아니고 꾸준히 내 분야의 콘텐츠만 꾸준히만 쌓아놓으면 다 나에게 득이 되는 고마운 플랫폼이다.

매일같이 쓰는 습관이 불러온 작은 변화

"7년을… 매일 같이 매일 같이 쓰는 습관이 가져온 작은 변화가 내 인생의 놀라운 변화를 불러왔다." -『매일 아침 써봤니?』, 김민식

블로그 글쓰기에 조금씩 매력을 느끼던 차에 보게 된 책이 김민식 작가님의 『매일 아침 써봤니?』였다. 매일같이 쓰는 습관이 인생의 변화를 일으켰다는 문구가 와닿았고 큰 공감을 가지게 됐다. 김민식 작가는 또 말한다. 퇴직 후에도 조금씩 수입을 올리는 것이 자신의 꿈이라고. 평생 일하며 부은 국민연금과 개인연금을 생활비로 쓰고, 취미 삼아 하는 일로 월 100만 원만 벌어도 좋겠다고 말이다. 한 달에 원고료 30만 원, 강연료 50만 원, 인세 20만 원을 버는 게 꿈이라고, 그 꿈을 위해 오늘도 새벽에 일어나 컴퓨터 앞으로 가 키보드를 두들긴다고… 왜 쓰느냐? 즐거운 노후 생활을 위해서 쓴다고 말이다.

나 또한 노후 생활에서 내가 하고 싶은 일을 하며 최소한의 비용을 벌며 살고 싶다. 몸을 쓰는 일은 나이가 들면 하기 어렵지만, 고도화된 지식 콘텐츠는 나이가 들수록 더 단단해지고 쓰임이 커진다. 해당 분야에서 쌓아놓은 전문성과 지식 콘텐츠는 나이가 들수록 빛을 발하고 사람들은 전문가에게 자문을 받고 싶어 한다. 생계를 위한 노동은 그것이 취미

일지라도 즐거울 수가 없다. 최저생활비는 잘 모아놓은 연금과 기타 부동산 월세 등에서 쓰고, 그간 쌓아놓은 나의 경험과 지식으로 내 도움을 필요로 하는 이들에게 코칭과 강의를 통해 최소한의 비용을 벌면서 살고 싶다. 그 경험으로 계속 블로그에 글을 쓰고, 모아서 또 한 권의 책을 내면서 살고 싶다.

Life.log 블로그, 나만의 캠페인 전략

얼마 전부터 네이버에서 내놓는 감성홍보 전략 캠페인이 바로 라이프.로그 블로그이다.

"기록이 쌓이면 내가 된다. 라이프.로그 블로그! 사진 몇 장, 글 한 줄로 남기엔 아쉬운 당신의 삶을 블로그에 기록해보세요!"
– 네이버 캠페인 문구

블로거도 사실 블로그를 꾸준히 지속하고 이어간다는 게 쉽지만은 않다. 이러한 블로그를 일상생활에서 그냥 일기처럼 진솔한 '나'를 기록할 수 있는 것부터 시작하도록 하는 라이프.로그 블로그 캠페인 문구다. 이번 캠페인에서 만든 홍보 티저로 나온 에피소드 편을 보면 블로그를 시작하면 좋은 이유가 나온다.

사례1) '부캐'를 꿈꾸는 평범한 회사원 제니(26세)

스타일이 남다른 20대 사회 초년생 제니는 낮에는 평범한 회사원이지만 퇴근 후 블로그에 자신만의 유니크한 패션라이프 스토리를 올린다. 소위 요즘 유행하는 '부캐'를 만들어가는 것이다. 제니의 스토리가 쌓이면 부캐는 그녀의 또 다른 커리어를 만들어줄 것이다. 블로그는 이전의 내가 아닌, '지금'의 내가 원하는 커리어를 만들어갈 수 있도록 해준다.

사례2) 프로젝트 기록을 올리는 마케터 동현(29세)

마케터로서 커리어를 쌓아가고 있는 동현은 프로젝트가 끝나면 결과물과 배운 점들을 블로그에 하나씩 올리기 시작한다. 동현의 마케팅 경험은 마케팅 분야에 관심 있는 이웃들에게 많은 관심을 받게 되고, 쌓여가는 프로젝트 포스팅으로 점차 동현만의 포트폴리오가 만들어지게 된다. 또한 동현의 프로젝트 블로그 포스팅을 보고 같이 일해보자는 제안까지 받게 된다. 동현만의 퍼스널 브랜딩이 만들어진 것이다.

사례3) 일상을 기록으로 스토리를 쌓아가는 대학생 은지(20세)

관심사도 많고 하고 싶은 것도 많은 힙스터 대학생 은지는 일상을 블로그에 기록하기 시작했다. 남들 시선 상관없이 온전히 마음 따라 편안하게 써가는 블로그. 소소해 보여도 소중한 은지만의 이야기들이다. 평범한 일상이 기록하고 싶은 순간들로 가득해진다. 기록의 일상이 은지만의 특별함으로 바뀐 것이다.

　라이프.로그 블로그 캠페인 사례에서 나온 제니, 동현, 은지의 캐릭터는 서로 다른 삶이긴 하지만 우리 일상의 캐릭터이기도 하다. 우리 엄마들도 '일상을 자신만의 특별함'으로 만든 은지, '내가 원하는 커리어'를 부캐를 만들어간 제니, 자신만의 '누적된 포트폴리오로 퍼스널 브랜딩을 완성'해나간 동현의 모습을 보면서 평범하다고 생각만 했던 엄마의 일상을 특별함과 나만의 퍼스널 브랜딩으로 완성해나가보자.

5

엄마의 재능을 영향력으로 만드는 방법

　지금까지 온라인 플랫폼에서 엄마의 퍼스널 브랜딩을 통해 '나다움'을 찾고 내가 원하는 커리어 이미지를 구축해나가는 것이 필요하다고 하였다. 시작은 단순히 일상의 기록으로 시작하지만 그것이 곧 자신을 찾고 새로운 재능을 찾게 되는 과정으로 이어지기도 한다. 또한 엄마의 재능은 쌓여진 콘텐츠로 새로운 업과 가치를 만들어갈 수 있기도 하다. 그 가치는 새로운 네트워크 연결 안에서 생성되는 나의 관심사와 비슷한 인맥 자산, 나만의 브랜딩, 커리어자산 등으로 이어질 수 있다. 자신의 재능이 타인에게 필요한 영향력으로 발휘되었을 때 기회는 생기고 수익은 저절로 따라오게 된다. 브랜딩이 된 나를 그들이 찾기 때문이다.

우리에게 필요한 건 나만의 콘텐츠를 찾아 꾸준히 생산해내는 것, 그리고 남과 비교하지 않고 나만의 속도로 걸어나가도록 지켜내는 멘탈 관리이다. '일'은 '성장'과 함께 가야 내 일로서의 가치를 발견하고 지속성을 가지고 갈 수 있다. 때문에 지금 바로 성과가 드러나지 않고 수익이 크게 나지 않는다고 조급한 마음을 가지지 말아야 한다. 지금은 나의 가능성을 발견할 수 있는 재능과 콘텐츠를 쌓아가는 기간이라고 생각하자.

코로나로 온택트 시대가 되면서 디지털 노마드, N잡러, 인디펜던트 워커, 긱워커 등의 다양한 신종 근무 형태의 용어가 유행처럼 생겨나기 시작했다. 이제는 하나의 업이 평생 가는 것이 아닌 제2의 직업, 제3의 직업 등 시대적 직업 트렌드와 자신의 연령대에 맞춰 조금씩 여러 직업군을 겸하기도 하고 본업을 유지하면서 제2의 직업을 탐색해보기도 한다. 즉 사이드잡의 형태로 본업과 부업, 혹은 여러 가지 직무군을 함께 병행하며 N잡러의 형태로 다양한 수익 파이프라인을 만들어간다. 나는 새로운 일을 꿈꾸는 워킹맘이나, 육아기 전업맘의 경우 '사이드 프로젝트'를 시도해보며 다양한 '뻘짓'을 해보는 챌린저가 되어보기를 권한다.

사이드 프로젝트로 뻘짓 챌린저가 될 것

사이드 프로젝트란 '본업'을 그만두지 않으면서 좋아하는 일이나 하고 싶었던 일을 시도하는 프로젝트를 말한다. 주된 일 외에 취미나 나의 재능인 '사이드'로 작고 가볍게 시작하는데 그것이 기간과 목표, 실행이 있는 프로젝트 과정으로 이뤄지는 것이다.

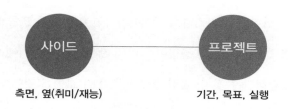

주된 일 외에 작고 가볍게 시작하는 것, 사이드 프로젝트

소위 보통 사이드 프로젝트를 부업의 개념으로 생각하는 경향이 있는데 부업과는 조금 다른 성격을 띤다. 부업은 본업의 수익을 보강하는 수단으로 당장의 수익, 피고용자로서 또 하나의 일의 형태이고 사이드 프로젝트는 내가 하고 싶은 일을 통해 가치를 창출해내는 과정으로 스스로 프로젝트 매니저가 되어 일을 진행해나가는 개념으로 보면 된다. 사이드 프로젝트는 부업과 비교했을 때 더 '나를 위한 것'이고 더 '장기적'이며 더 '주도적'이다.

노벨 화학상을 수상 받은 일본의 요시노 아키라는 "쓸데없는 일을 잔뜩 하지 않으면 새로운 것은 태어나지 않는다."라고 했다. 쓸데없는 일을 잔뜩 하면서 새로운 기회와 가치를 만들어낼 수 있는 것이 바로 이 사이드 프로젝트이다. 사이드 프로젝트는 나의 관심과 재능을 테스트해볼 수 있는 적극적인 목표 수행 경험으로 볼 수 있다. 또한 사이드 프로젝트를 수행해가면서 조금씩 비즈니스로 연결해보는 시도가 필요하다. 비즈니스는 어떤 일을 일정한 목적과 계획을 가지고 지속적으로 경영하는 마인드를 말한다. 엄마들도 비즈니스 즉, 사업경영 마인드를 조금씩 가져보는 연습이 필요하다. 가정의 경영이 엄마의 재무경영이 있기에 안정적으로 시스템에 잡혀가는 것처럼, 작은 경험을 쌓다 보면 그것이 곧 엄마의 '스몰 비즈니스'가 되어 조금씩 기회의 장을 만들어갈 수 있다.

나를 세상에 드러내는 방법

홀로 일하는 개인 브랜드를 갖고자 하는 사람들에게 온라인 연결은 매우 중요하다. 온라인 검색창에 내 이름이나 관련 키워드를 검색했을 때 쉽고 빠르게 내가 누구인지 증명할 수 있다면 어떨까? 네이버에 내가 누구인지, 어떤 일을 하고 있는지, 세상에 어떤 가치를 줄 수 있는지를 드러낼 수 있는 것이 필요하다. SNS에 열심히 축적해놓은 나의 전문적이고 신뢰성 있는 콘텐츠가 세상에 드러나기 위해서는 그들이 원하는 정보로 검색했을 때 '브랜딩이 된 me'가 검색이 되어야 한다. 개인마다 각각 선호하는 소셜 채널이 있지만 이 책에서는 네이버에 검색되는 것을 개인 브랜드 포지셔닝의 목적으로 한다.

– 내 주제 검색 키워드를 장악할 것

'검색 키워드'란 검색 포털 사이트에서 사람들이 검색하기 위해 검색 바에 넣는 '검색어'를 말한다. 강남역 근처에 갔다가 맛집을 찾을 때 스마트폰을 켜고 검색창을 띄워 검색창에 '강남역 맛집'으로 검색할 것이다. 그렇다면 여기서 '강남역 맛집'이 키워드가 되는 것이다.

『영향력을 돈으로 만드는 기술』의 저자 박세인은 "내가 속한 카테고리 안에서만 영향력을 발휘하면 된다"고 했다. 내가 속한 분야 안에서만 나를 장악하면 되는 것이다. 특정 분야에서 나를 확실히 인지시키고 싶다면 내 주제 분야의 키워드를 장악해야 한다. 이를 블로그 키워드 전략이라고 하는데 보통 단순히 방문자를 높이기 위해 이슈성 키워드로 포스팅하는 것을 많이 알려주고 대부분 리뷰 블로거들이 이런 형식으로 황금 키워드를 찾아 포스팅을 한다. 하지만 우리는 단순히 리뷰어가 목적이 아닌 내 주제와 연관된 키워드로 개인 브랜딩을 하는 것이 목적이다. 그렇다면 내 주제와 연관된 키워드 관리를 해서 해당 키워드로 네이버에서 검색했을 때 내 콘텐츠가 노출이 될 수 있도록 해주는 것이 필요하다.

– 나를 세상에 알리는 통로, 검색

나의 경우 강의 제안을 먼저 하지 않는 편이다. 제안을 하지 않아도 강의 제안이 대개는 보통 먼저 들어오기 때문이다. 제안이 먼저 들어올 수 있었던 이유는 기관측에서 해당 강의 관련 강사를 찾을 때 검색해서 찾아보게 되는데, 그때 검색되는 내 강의 관련 콘텐츠를 보고 연락을 주는 편이기 때문이다. 검색이 되도록 내가 사전에 키워드를 적용해 콘텐츠를 업데이트 해두었기 때문이다. 나의 경우 여성 커리어 분야 강의나 코칭을 의뢰받길 원했기 때문에 해당 주제와 연관성 있는 키워드로 콘텐츠를 업데이트 한다. 여성 커리어 분야 하면 어떤 키워드가 떠올려질까.

재취업 교육, 경력단절여성, 면접 준비, 3040여성 자격증, 시간 관리, 주부 자격증, 경력단절 예방, 커리어 특강, 직업적성검사, 퇴사 고민, 이직 준비, 육아휴직 중 복직 준비… etc.

마인드맵처럼 자유롭게 떠올려지는 연관 키워드를 리스트업 해두고, 블로그 포스팅할 때 키워드를 제목과 본문에 적절하게 적용하여 포스팅한다. 아래의 표 예시를 참고하자.

검색되고 싶은 키워드	블로그 제목
경력단절여성	경력단절여성 '육아기 엄마의 커리어로드맵'
재취업교육	지역여성 재취업준비교육 입사지원서/면접특강

일전에 다녀온 강의나 코칭 현장, 커리어 칼럼 등을 정성스럽게 콘텐츠로 쌓아나갔고, 이는 내가 적용한 키워드 검색으로 검색 결과에 나오게 된다.

[키워드 검색결과 화면]

나를 세상에 연결시키는 과정을 이해했다면, 이제 자신이 다루는 주제에 따라 키워드로 연결시킬 수 있다는 것을 깨닫게 될 것이다. 그렇다면 내 주제 연관 키워드는 어떻게 찾을 수 있을까?

– 사람들은 나의 무엇을 궁금해할까? : 키워드 찾기

'사람들은 내 주제의 어떤 점을 알고 싶어 할까?'

단순히 내가 추측하는 주제 연관 키워드는 한계가 있다. 또 내가 정한 키워드가 실제 사람들이 많이 찾는 검색어인지 아닌지도 확실치 않다. 아무리 정성스럽게 올린 콘텐츠라 해도 사람들이 찾는 키워드가 아니라면 세상에 잘 알려지지 않는다. 물론 개인의 일상 콘텐츠까지 키워드를 적용할 필요는 없다. 자유롭게 자신의 일상을 기록하는 글은 자유롭게 올리되, 자신이 정한 주제 콘텐츠에 대해서는 가급적 키워드를 정해서 올려주는 것이 빠르게 나를 브랜딩하는 방법이 된다.

1) 키워드 마인드맵

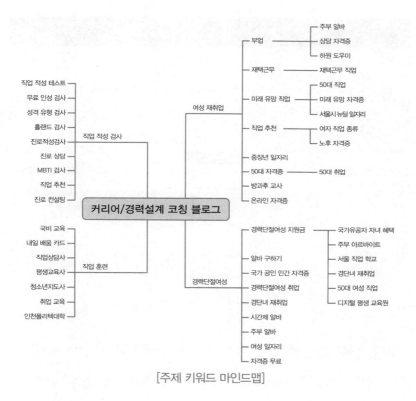

[주제 키워드 마인드맵]

    내 주제 연관 키워드는 처음엔 마인드맵 형태로 자신이 자유롭게 떠올려지는 키워드를 적어보도록 한다. 나의 경우 직업적성검사, 여성 재취업, 직업 훈련, 경력단절여성 등이다. 크게 떠올려지는 키워드 4~5개 정도를 정했다면 이제 '네이버 검색 키워드 도구' 도움을 받아 조회 수가 많은 연관 키워드 리스트를 찾으면 된다.

2) 네이버 검색 키워드 도구(http://searchad.naver.com)

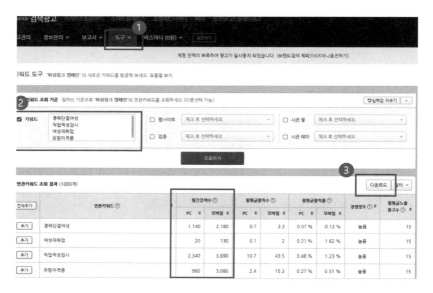

[네이버 검색 키워드 도구]

앞서 정해놓은 4~5개의 키워드를 입력 후 조회를 하면 연관 키워드 수백 개가 리스트로 나온다. 여기서 우리가 살펴봐야 할 것은 '월간 조회 수'이다. 월간 조회 수에 PC, 모바일에 나온 검색량이 실제 사용자가 검색 키워드로 조회한 검색수이다. 우리가 필요한 것은 이 검색수가 많은 연관 키워드를 사용하는 것이다. 또한 '다운로드'를 하면 엑셀파일로 다운로드가 가능하니 파일로 다운받아 '월간 검색 수'가 많은 순으로 소팅 후 적절하게 내가 필요한 키워들만 리스트업하고 포스팅할 때 활용해보자.

6

엄마의 재능이 돈이 되는 5단계

온라인 플랫폼에서 나를 알리고 나만의 누적된 콘텐츠로 브랜딩하는 것이 중요하다고 하였다. 그것이 곧 나의 재능을 업으로 만들어갈 수 있는 방법이며, 또 수익으로 연결시킬 수 있는 방법이 되기도 하기 때문이다. 그렇다면 SNS 플랫폼의 나만의 콘텐츠, 엄마의 재능은 어떻게 돈이 될 수 있을까. 엄마의 재능을 수익화할 수 있는 스몰 비즈니스는 크게 아래 5단계로 그려볼 수 있다.

1단계 : 나만의 주제(콘텐츠), 아이템 정하기

1) 내가 어떤 것에 흥미가 있는가를 찾을 것

내가 흥미 있는 분야에서 잘하는 것을 찾으면 내 강점에 집중하여 몰입하기 때문에 좀 더 성과를 낼 확률이 높아지게 된다. 보통은 '내가 좋아하는 게 무엇인지 잘 모르겠어요.' 하는 분들이 많다. 이 단계가 보통 '자기 탐색', '자기 이해', '나 탐색' 기간이라 할 수 있다. 좋아하는 게 무엇인지 잘 모르겠는 이들은 자신이 지금 관심 있는 것이 무엇인지를 한번 탐색해보자.

1. 종이에 일단 내가 지금 흥미 있는 것, 관심 있는 것들 다 적어보기.
2. 하루에 가장 많은 것에 소비하는 관심 분야는 무엇인지 생각해보기.
 – 내가 SNS나 방송 채널에서 주로 챙겨 보는 주제는?
 – 무의식 중에 내가 계속 찾아보는 책은 무엇인가

2) 남들보다 더 잘하는 것은 무엇인가? 혹은 차별화될 수 있는 점은?

흥미/관심 분야를 발산하여 많이 적어놓았다면 2단계에서는 가지치기를 해야 한다. 즉, 적어놓은 리스트 중에서 내가 남들보다 조금 더 잘하는 것, 차별화된 혹은 경쟁력 있는 것이 어떤 것인지를 생각하면서 추려나가 보는 것이다. 1단계에서 적어놓은 것이 가령 15개 정도 된다고 하면

적어놓은 15개의 것들 중,

- 내가 남들에게 보다 더 자세하게 설명해줄 수 있는 것
- 다른 관점에서(통찰력) 이 주제에 대해 말할 수 있는 것
- 이 주제에 대해 성공한 경험이나 특별한 경험이 있는 것
- 이 주제에 대해서는 자신이 신나게 콘텐츠로 풀어낼 수 있는 것

정도가 된다. 그래서 이러한 다각도로 분석을 해보면서 자신이 흥미는 이런 것들이 있지만 이것만큼은 남들보다 좀 더 풀어낼 콘텐츠가 많은 것으로 좁혀보는 것이다.

3) 내 타겟(독자)이 나에게 듣고 싶은 이야기는 무엇인가를 찾을 것

나만의 콘텐츠와 아이템 찾기의 가장 중요한 단계이다. 내가 어느 정도 관심 있고 좀 더 경쟁력 있는 콘텐츠를 찾았다 해도 타깃으로 선정한 독자들이 궁금해하는 콘텐츠가 아니면 향후 브랜딩이 잘 되지 않고 수익화되기가 어렵다. 그렇다면 내가 선정한 주제에서 나는 어떤 콘텐츠를 올려야 하는가에 대한 고민에 봉착하게 된다. 독자가 어떤 걸 궁금해하는지를 알고 싶다면 독자가 듣고 싶어 하는 것을 찾아보는 것이다.

- 내가 선정한 주제 관련 각종 커뮤니티(SNS, 카페)에 발행된 인기

글, 관련 글을 보면서 아이디어를 발산해본다.

　- 인기 글의 '댓글'을 유심히 살펴보자. 보면 그 주제를 찾아보는 독자들이 궁금해하는 질문들을 찾아볼 수 있다. 그 질문들을 모아보는 것이다.

　- 검색창에 관련 '주제어'를 검색하여, 연관 검색어를 확인해보면서 다룰 수 있는 콘텐츠를 확장해보자.

　- 네이버 지식인에 관련된 주제에 사람들이 궁금해하는 질문들이 무엇인지를 확인해보자.

마지막은 본질이다. 콘텐츠는 결국 내가 남들보다 좀 더 잘 알려주고 설명해주고 전달해줄 수 있는 지식 및 기술 경험으로 보면 된다. 이러한 업의 형태가 생겨날 수 있는 것은 결국 수요가 있는 것인데, 이 수요는 사람들이 궁금해하는 것, 알고 싶어 하는 것, 현재 이것 때문에 고통스러워하는 것을 해결해주는 아이디어에서 시작되는 것이다. 핵심이자 본질은 이 주제에 대해 내가 독자의 고통을 줄여줄 수 있다면 그게 곧 나의 콘텐츠가 될 수 있다는 것이다.

2단계 : SNS 채널에 내 주제 콘텐츠를 꾸준히 올릴 것

"온라인은 아직도 기회의 땅이다. 더 먼저, 더 빨리 하는 사람에게 유

리하다. 온라인에 내 디지털 빌딩을 세워라." – MKYU 김미경

디지털 빌딩이란 블로그, 인스타, 유튜브와 같은 여러 디지털 플랫폼에 내 콘텐츠를 축적하고 수익화할 수 있는 구조를 만들자는 것이다. 유무형의 나만의 콘텐츠를 판매하기 위해서는 우선적으로 온라인 플랫폼에 내 콘텐츠가 축적되어 있어야 한다.

이제는 이 책을 읽는 독자들도 알다시피 나는 블로그를 우선으로 개설해볼 것을 추천 드리는 편이다. 블로그가 다른 플랫폼으로 연결되는 지점이 될 수 있기 때문이다. 블로그에 1차적으로 콘텐츠를 올리고, 인스타와 페이스북, 유튜브에 이를 적절하게 큐레이션하여 업데이트하면 된다. 이를 원소스 멀티유스 OSMU(one source multi-use) 기법으로 활용하여 콘텐츠를 활용한다고 한다. 즉, 하나의 소스로 다양한 플랫폼에 사용한다는 뜻이다.

하지만 글쓰기 기반의 블로그가 어려운 이들의 경우, 자신이 좀 더 콘텐츠 업데이트가 편리한 인스타나 유튜브, 페이스북 등의 다른 채널을 우선 충분히 이용해도 좋다. 개인마다 접근성이 용이하고 최적화된 플랫폼은 다를 것이기 때문이다. 또한 내놓는 콘텐츠 성격과 전달하는 방식에 따라 좀 더 그 특성을 잘 전달하는 채널이 있기 때문에 적절하게 나만의 채널을 잘 선택해서 활용하는 것이 필요하다. 처음과 꾸준함이 힘들 뿐이지, 나만의 전문 콘텐츠를 꾸준히만 업데이트하면 자연스럽게 나만

의 퍼스널 브랜딩 채널이 만들어져가는 놀라운 경험을 할 수 있다.

3단계 : 주제 관련 전문성을 드러내는 이력을 쌓아갈 것

대부분의 사람들은 어느 정도 채워지고 완벽해야 나를 드러낼 수 있다고 생각하기에 인풋만 지속적으로 하는 경우가 있다. 하지만 콘텐츠는 일정 기간 이상의 꾸준함과 지속성이 있어야 신뢰성이 생기기 때문에 자신이 아직은 생초보이고 드러낼 것이 없는 비전문가라 생각이 된다 해도 SNS 플랫폼에 나를 찾아가는 '브랜딩' 과정을 올려주는 것이 좋다. 나 자신을 찾고 관심 있는 분야를 공부하고, 성장해가는 과정 자체가 신뢰감을 형성시켜주기 때문이다. 또한 틈틈이 쌓아가야 할 것은 주제 분야의 전문성을 드러내는 이력을 쌓아나가는 것이다. 이력을 쌓아나가는 방법은 3가지로 정리해보았다.

1) 주제 분야 자격증, 교육이수, 학력 등의 이력을 쌓아나갈 것

기업에서 인재를 뽑을 때 지원한 이력서에 채용 분야에 맞는 자격사항, 학력, 교육, 경력사항 등을 살펴보는 것과 같다. 지원자의 진솔한 자기소개서와 경험 스토리가 기술되어 있다 해도 해당 분야의 필수 자격사항이 갖춰져 있지 않다면 해당 지원자의 최소 자격사항을 평가할 기준이 애매모호해진다. 기왕이면 해당 주제의 콘텐츠를 올리면서 필요한 자격증이나 교육이수사항 등을 갖추며 본인의 프로필을 업데이트시켜나가자. 자신이 유·아동 대상 그림책지도사이자 강사가 되기 원한다면 독서지도사, 아동심리상담사, 창의융합교육지도사 등 주제와 관련된 국가·민간자격증 등을 찾아보고 하나하나 취득해나가면 된다. 향후 어느 정도이 분야에서 실무 경험을 쌓은 후 좀 더 깊이 있는 공부를 원한다면 관련된 전공으로 대학원이나 사이버대 편입 등을 고려해볼 수가 있다.

2) SNS 프로필 설정으로 나의 전문성을 드러낼 것

성공적으로 브랜딩이 된 SNS 운영은 프로필 설정이 거의 50% 이상 좌우한다고 해도 과언이 아니다. 내 채널에 누군가 방문했을 때는 콘텐츠와 운영자의 프로필부터 보게 되기 때문에 프로필을 작성할 때에는 나의 명함이라고 생각하며 작성해주는 게 필요하다. 특히 내 주제 분야의 경우 이 분야의 전문가라는 이미지를 심어주기 위한 프로필 사진, 어떤 일을 하는지 등의 간단한 이력을 작성해주는 것이 좋다.

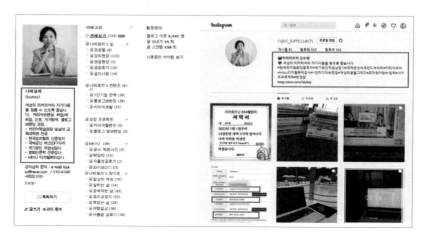

[내 SNS 채널 프로필 화면]

"관련 자격증이나 교육이수사항이 없어서 이력서를 채우기 어려워요."

이력서 강의를 갈 때 종종 듣는 질문이다. 취업 활동을 하기 위해 이력서는 필수 과정이다. 이력서에는 기본적으로 학력사항, 자격사항, 교육이수사항, 경력사항 등을 기재하도록 되어 있는데 첫 장에 채워진 이 항목들은 가급적 지원 분야에 관련된 내용으로 채워져 있어야 1차 서류합격으로 갈 확률이 높아진다. 하지만 그동안 취득한 것이 딱히 없을 경우에 나는 '앞으로 취득 예정인 자격과 이력사항을 적어보세요.'라고 권한다. 미리 내가 취득할 이력을 적어보는 것으로 오는 이점은 내가 앞으로 그러한 목표 지점에 가기 위해 필요한 자격사항을 적으며 생각해보게 된다는 점이고, 또 하나는 종이에 미리 적어놓았기에 자신이 그러한 이력을 만들기 위해 노력하게 된다는 점이다. 혹시 기억하는가? 앞서 '종이 위에 적으면 이루어진다.'라고 했던 것을. SNS 채널의 프로필도 이와 마찬가지이다. 프로필 설정은 SNS 운영 시 부딪히게 되는 첫 번째 어려움이다. 특히나 아무 이력이 없는 상황에서는 어떻게 나를 정의해야 할지 고민하게 되는데, 그럴 경우에는 지금 내가 무엇에 관심을 가지고 있고 어떠한 방향으로 가고 싶은지 생각해보고 적어가면 된다.

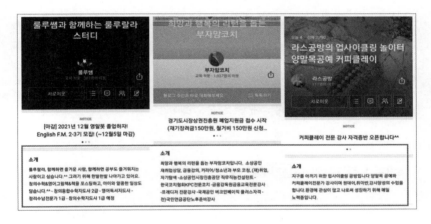

[프로필 소개글 예시 화면]

3) 주제 관련 배움의 과정을 기록하기

일상 글이 아닌 주제 분야 글을 발행할 때에는 배움의 과정을 기록해보면 좋다. 초보 티 나는 거 아닌가 우려해서 과정을 기록하지 않는 케이스가 있는데, 독자들은 과정의 기록에 더욱 신뢰한다. 준비해나가는 공부, 자격 과정, 혹은 실패 경험, 그리고 그 안에서 자신만의 노하우를 전달하는 과정이 매우 중요하다.

또한 관련 전문 문야 책이나 영상 등을 보고 정리하고 기록으로 남기다 보면 글감이 생기기도 하고 나만의 생각들로 정리해볼 수 있어 도움이 된다. 그날 자신이 보면서 와닿았던 강의 꼭지나 책의 목차, 혹은 책의 한 구절에 자신의 견해를 붙여 꾸준히 기록해나가다 보면 저절로 해당 분야의 온라인 콘텐츠를 쌓아나감과 동시에 분야의 전문 지식을 쌓아나갈 수도 있다. 물론 여기서 유의해야 할 점은 인용을 할 때는 출처를 반드시 밝히고 자신의 견해를 넣어야 한다는 것이다. 특히 요즘과 같이 지식 콘텐츠 사업이 뜨고 있는 경우 타인의 지식과 콘텐츠를 가져와 그대로 쓰는 경우가 많기 때문에 더욱 유의해야 한다.

4단계 : 적극적인 재능기부로 일단 시작할 것

4단계는 적극적인 재능기부를 일단 시작해보는 것이다. 재능기부란 말 그대로 자신이 가지고 있는 전문적인 재능이나 능력을 나눔하는 것이다. 엄마들이 시도해볼 수 있는 재능기부로 강의 형태는 처음에는 부담이 될 수 있기 때문에 함께하는 프로젝트나 스터디, 정기 모임 등을 시도해보는 것이 좋다. 나는 처음 블로그를 시작하고 1:1 커리어 코칭을 무료 이벤트로 모집해 진행해보았다. 천 명 돌파, 방문자 500명 돌파 등의 이벤트로 에니어그램 검사툴을 활용한 1:1 개인 코칭을 모집했다. 처음엔 텔레 코칭으로 시도해서 몇 번 진행해보았고, 코로나 이후에는 온라인 Zoom 으로 진행하게 되었다. 이전에 온라인 재택근무로 온라인 상담과 화상면 접 등 다년간 진행한 경험은 있었지만, 오로지 '나비코치 김수영'이라는 브랜딩 닉네임을 내걸고 스스로 코칭을 모집하고 진행하는 것은 처음이 었던지라 은근히 긴장이 되고 책임감을 가지게 되었다. 늘 그렇듯 처음 은 어렵다. 그러나 그 시작이 늘 내가 가고자 하는 또 하나의 '점'이 되고 이정표가 됨을 알기에 적당한 스트레스와 긴장의 환경에 나를 놓아본다.

재능기부를 일단 시도해봄으로써 얻을 수 있는 것은 세 가지가 있다. 첫째, 충분한 실전 경험을 쌓을 수 있다는 것이다. 비록 처음엔 무료로 시작하기는 했지만 무료 재능기부 코칭을 하며 덕을 보는 것은 기부하는 당사자이다. 나의 경우 다양한 사례 코칭이 가능했기에 이후 여러 돌발 이슈와 상황에서도 유연하게 넘길 수 있는 심적인 여유마저 생기게 되었 다. 무료여도 준비하는 시간이 덜해진다거나 마인드가 덜해지는 것은 절 대 아니다. 오히려 무료이고 내 이름을 거는 것이기 때문에 다음 단계를 위해 더욱 정성스럽게 준비하고 진행하게 된다. 책임감과 실전 경험을 통해 작은 성취감이 쌓이게 되고, 이 작은 성취감들이 쌓이면 다음 단계 를 시도해보게 할 수 있는 자신감의 원동력으로 이어지게 된다.

둘째, 재능기부 현장과 후기로 쌓인 콘텐츠로 고객의 신뢰를 얻을 수 있다. 모집하는 과정, 글과 사진으로 표현된 재능기부 현장, 그리고 운영자만의 성찰이 담긴 생각 등을 통해 서비스에 대한 신뢰감을 가지게 된다.

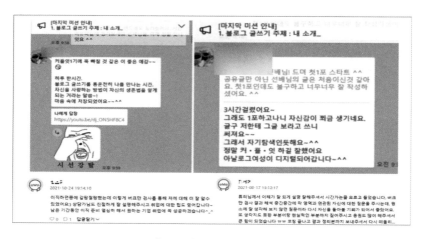

[1:1 코칭 후기 모음글]

여기서 신뢰성을 더하기 위해 '후기'를 모아 보여주는 것이 꼭 필요하다. 기업에서도 새로운 상품을 런칭할 때에는 체험단을 모집하여 무료로 상품을 제공해주는 대신 체험후기 작성 요청을 한다. 초기 마케팅과 홍보로 많이 활용하는 기법이다. 재능기부 체험단 모집 시 '후기'를 써줄 것을 요청하면 대부분 체험 후 훈훈한 후기로 마음을 전한다. 이 후기를 잘 모아 내 콘텐츠 포트폴리오로 담아두고 다음에 유료 과정으로 전환하여 모집 시 서비스 신뢰감을 더하기 위해 활용하는 것이다.

마지막으로 재능기부를 하면 생기는 이점은 바로 '나 자신의 성장'이다. 콘텐츠를 직접 알릴 수 있는 프로젝트, 정기 모임, 스터디 등을 운영하다보면 운영자 스스로 정체되지 않고 꾸준히 공부하고 성장할 수 있기 때문에 좋은 이미지를 형성할 수 있다. 또한 함께하고 성장하는 시너지 효과가 나서 자신의 채널 자체가 '함께하는 플랫폼'이 될 수 있다. 콘텐츠의 성격에 따라 적절하게 온·오프라인을 병행하는 것이 좋은데, 요즘처럼 사회적 거리두기로 비대면 만남을 해야 하는 경우에는 온라인 Zoom을 충분히 활용해보는 것이 좋다. 시간과 공간에 많은 제약을 받는 엄마들에겐 아주 최적화된 온라인 시스템이며 온택트 시대인 현 시기에 그야말로 엄마의 커리어 성장과 포트폴리오를 키울 수 있는 최적의 시기로 활용해볼 수 있다.

필자의 경우 초기에 블로그에서 모집을 받아 재능기부를 시작해서 이후 점차 유료 과정으로 바꾸었다. 충분한 실전 경험과 또 그간에 더해진 현장 전문 이력과 '나비코치' 브랜딩을 믿는 콘텐츠 이용자의 후기담이 있었기에 시도해본 도전이다. 유료 과정으로 진행할 때에는 자신의 SNS 채널뿐만 아니라 크몽, 탈잉 등의 재능마켓 플랫폼을 적극 활용해 꾸준히 코칭을 진행했었다.

[재능마켓 플랫폼 코칭 모집 공지]

엄마의 경우 이전 직장 경험 노하우를 살리거나 대부분 육아하며 새롭게 시작한 취미생활로 또 다른 재능을 발견하여 '업'으로 살리고 싶어 하는 이들이 많다. 재능마켓 플랫폼에는 좋아하는 일을 좇아 꾸준히 개발하고 콘텐츠로 만들어 재능기부로 일단 시작해보면서 이 콘텐츠와 상품이 세상에 내놓을 수 있을 만큼 수요가 있는 것인지, 또한 실제로 자신이 좋아하는 일을 해보면서 그 일을 자신이 정말 즐기고 지속성을 가지고 할 수 있는 일인지 테스트해보는 과정의 시기를 가져보는 게 필요하다.

우선 대표적인 재능마켓 플랫폼인 크몽, 탈잉 등에 직접 들어가서 본인의 주제 콘텐츠 카테고리를 살펴보고 관련 강좌들을 한번 벤치마킹해보자. 모집 요강을 통해 정규 강좌 운영 방법, 시간, 비용, 온·오프라인 형태 방식 등을 살펴보다 보면 이전에는 생각지도 못했던 아이디어들이 생겨나 나도 한번 도전해보고 싶다는 용기가 생길 것이다.

[재능마켓 클래스 모집]

함께해보는 프로젝트, 정규 과정, 정기 모임과 스터디 형식을 시도해보기 좋을 재능마켓 플랫폼을 아래와 같이 정리해놓았다. 자신의 SNS채널에 홍보함과 동시에 같이 아래의 플랫폼을 적절히 활용하면 모집률이 높아지니 꼭 도전해보자.

함께하는 프로젝트와 모임을 만드는 데 필요한 플랫폼

*재능판매 사이트 '크몽' https://kmong.com

*프리랜서 마켓 '탈잉' https://taling.me

*모임문화 플랫폼 '온오프믹스' https://onoffmix.com

*동네 소모임 강좌 '네이버 우리동네' https://m.naver.com/#place

*건강습관 모임 개설 플랫폼 챌린저스 https://www.chlngers.com

*프립 랜선클럽 https://frip.co.kr/category/gathering

*MKYU 북클럽 https://community.mkyu.co.kr/bookclub/main

5단계 : 나만의 사이드 프로젝트 실행해보기(수익화 단계)

5단계는 그동안 발행한 나만의 전문 콘텐츠를 활용하여 앞서 정의한 나만의 사이드 프로젝트를 기획하여 '엄마의 스몰 비즈니스'를 실행해보는 것이다. 앞서 시도해본 재능기부가 파일럿 과정이었다면 모여진 후기와 업그레이드된 나의 실력과 경험을 토대로 이번에는 유료 과정으로 프로젝트로 만들어보자. 재능 형태는 강의, 클래스, 코칭과 상담, 컨설팅, 정규 과정, 소모임, 함께하는 프로젝트 등 다양하게 만들어볼 수 있다. 이미 재능기부 과정으로 충분히 테스트하고 경험을 해보았기에 테스트 과정 버전에서 좀 더 보완을 하거나 재능기부 과정이 성공적이었다면 유료 과정으로 바로 전환하여 런칭해도 좋다. 중요한 건 실행이다. 과정을 모집할 경우에는 홍보 포스터와 프로그램 소개를 작성하여 모집을 받아 진행한다.

다음은 나만의 콘텐츠로 사이드 프로젝트 수익 파이프라인 몇 가지를 소개해본다. 아래의 단계 순서대로 가도 좋고, 자신이 좀 더 편하게 시도해볼 수 있는 것으로 적용해보면서 확장시켜도 좋다.

1) 온/오프라인 나만의 프로젝트 개설
– 자신의 SNS 채널과 재능마켓에 유료 과정으로 모집 공지를 낸다.
– 1회 차는 런칭 강의 형태로 저렴하게 시작한다.

– 후기를 작성해준 분들에게는 강의안이나 소책자를 배포한다.

– 만족도와 강의 실력 업그레이드에 따라 단가를 올려간다.

[나비코치의 사이드 프로젝트 모집 공지]

함께하는 프로젝트는 대개 모집자가 운영하는 방식이다. 그 형태는 독서 모임일 수도 있고, 진행자가 과정 전체를 온/오프라인으로 강의를 하고 세부적으로 코칭하는 방식도 될 수도 있다. 진행 방식 안에 강의, 코칭, 컨설팅, 모임 등등의 여러 형태로 진행자가 프로젝트를 주제 성격에 맞게 맞춰가면 된다. 나의 경우 나를 찾는 글쓰기를 통해 커리어를 세워보는 '커리어플랜잇', '프리워커맘을 위한 블로그 브랜딩 과정' 등의 프로젝트를 개설하여 진행하고 있다.

[룰루쌤의 온라인 프로젝트 모집 공지]

엄마들의 경우 육아하며 새롭게 발견하게 된 재능이 분명 있을 것이다. 특히나 아이를 직접 학습지도 하며 엄마표 교육에 새로운 흥미를 가진 엄마들이 많다. 이러한 흥미와 재능을 내 아이에게만 쏟을 것이 아니라, 다른 이들에게 노하우를 전달하고 커리어도 쌓을 수 있는 사이드 프로젝트로 만들어보자. 프로젝트는 자신과의 약속이다. 프로젝트를 기획하고 진행하는 과정을 거치면서 한 단계 성장한 자신을 느낄 수 있을 것이다.

2) 원데이 클래스 개설

원데이 클래스는 주부로서 새롭게 가지게 된 각종 핸드메이드 제품 등의 취미를 살려 시도해볼 수 있는 아주 좋은 사이드 프로젝트이다. 일정 기간의 프로젝트가 부담이 된다면 원데이 클래스는 일회성 수업 과정이기 때문에 준비하는 사람도 참여하는 사람들도 큰 부담이 없다. 온택트 시대인 최근에는 특별한 공간이 없어도, 큰 자본이 없어도 소수 정예 온라인 Zoom 클래스 수업 형태로 시작이 가능하기 때문에 관심 분야의 원데이 클래스를 벤치마킹해보고 나만의 클래스를 개설해볼 것을 추천한다.

[플로리님의 온라인 원데이 클래스]

원데이 클래스는 앞서 재능기부 마켓으로 소개한 크몽, 탈잉 등의 온라인 중개폼과 자신의 SNS 채널에 홍보 포스터와 모집 안내문으로 모집해서 진행하도록 한다.

특히, 주부들의 경우 캔들, 공예, 비누 만들기, 캘리그래피, 베이킹, 꽃꽂이, 핸드드립 커피 등 핸드메이드 재능을 클래스로 진행하는 경우가 많다. 이런 경우 수공예 작가와 구매자를 이어주는 중개 플랫폼을 활용해볼 수 있다. 이 플랫폼을 통해 구매자들은 다양한 공방과 원데이 클래스를 알아볼 수 있고, 판매자는 좀 더 쉽게 원데이 클래스로 개설할 수가 있기 때문에 이를 충분히 활용해보자.

원데이 클래스 앱

다음의 앱들을 통해 원데이 클래스 수업을 진행할 수 있으니 참고하자.

- 소행성 – 우리 동네 취미 모임, 액티비티&클래스
- 문토 – 원데이 취미 모임을 새로운 친구와 함께 즐겨요
- 움클래스 – 취미생활을 풍부하게 하는 원데이 클래스 모음
- 솜씨당 – 원데이 클래스 취미의 모든 것

3) 전자책 및 소책자로 엄마 작가 도전

최근엔 책 쓰기, 글쓰기 전성시대가 된 것 같다. 예전에는 책 쓰기 하면 그 분야에 정통한 전문가 정도는 돼야 쓰는 거라 생각했다면 요즘엔 본인의 경험담을 풀어놓거나 소박한 에세이집 등의 형태로 작가로 많이들 도전하고 있는 추세이다. 전자책은 종이책과는 달리 리스크가 없기 때문에 자신의 노하우를 전자책으로 만들어서 플랫폼에 판매해보는 것도 좋다.

또한 전자책의 경우 스마트폰이나 PC로 읽기 때문에 가급적 집약된 자신만의 노하우 등을 전달해준다는 느낌으로 주제를 선정해 작성해주는

것이 필요하다. 예를 들어, 초등 엄마표 영어를 잘 진행하여 성공한 경우 '10년차 엄마표영어로 성공한 우아맘의 초등영어 로드맵' 등으로 작가의 집약된 노하우를 전달해줄 수 있는 것이다.

전자책은 PDF 문서 형태로 만들어 판매한다. 현재 PDF 전자책을 판매할 수 있는 플랫폼으로는 크몽, 탈잉, 유페이퍼(www.upaper.net), 부크크(www.bookk.co.kr), 오투잡(www.otwojob.com) 등이 있다. 플랫폼마다 수수료율은 상이한데, 평균적으로 20퍼센트 내외이다. 가령, 1만 3,000원짜리 전자책을 한 권 팔면 수수료 2,600원을 제외하고 1만 400원을 정산 받게 되는 셈이다. 유페이퍼의 경우 YES24, 알라딘, 리디북스, 교보문고, 밀리의 서재 등 일반 온라인 서점에 입점이 가능하며 책의 ISBN을 부여받을 수 있다. 단 수수료가 30~40%로 타 플랫폼에 비해 비싸고 스스로 편집해서 올리는 과정이 어렵게 느껴질 수 있다. 이러한 플랫폼을 이용하지 않고 별도의 결제 시스템으로 전자책을 판매하기도 한다. 스마트 스토어에 상품으로 올려두거나 구글독스를 활용해 계좌이체로 받고 PDF를 전달하는 방식이다. 또한 SNS 채널이 활성화되어 있다면 자신의 SNS 채널을 활용하여 더 많이 판매가 가능하다.

한 번쯤은 꿈꿔보는 것이 작가인 것 같다. 책 쓰기는 나를 세상에 드러내고 표현하고자 하는 기본 욕구이기도 하다. 책을 통해서 이루고 싶은 이유는 여러 가지가 있겠지만 그 무엇이든 자신의 이름으로 낸 책은 하나의 커리어가 될 수 있다. 전자책 만들기로 작은 책자를 완성해본 이들이라면 같은 방식으로 온라인 브런치 작가나 자가 출판으로 내 책 출간하기에도 도전해보면 좋다. 부크크는 전자책 외에 종이책도 발행할 수 있도록 되어 있는 출판 플랫폼이다. 출판사를 통한 투고 과정과 출판 과정이 빠질 뿐이고, 자신의 이름으로 낸 엄마 작가의 꿈을 꾸는 이들이라면 한 번쯤 도전해보면 좋을 과정이 될 것이다. 생각해보면 내가 만나왔던 많은 여성들이 성장을 원했고, 성장의 과정 안에는 자신을 찾아가는 '글쓰기' 과정이 동반되었다. 글쓰기를 통해서 그녀들이 꿈꾸게 되는 것이 바로 '책 쓰기'였다. 나 또한 그러한 과정을 거치고 있으니 말이다.

4) 오디오 플랫폼 활용하기

인공지능(AI) 스피커의 보급과 무선 이어폰 사용자가 늘어나면서 오디오 콘텐츠 플랫폼이 빠르게 성장하고 있다. 시각적인 제약에서 벗어나 오로지 편하게 청각에만 기댈 수 있는 오디오 콘텐츠의 매력이 소비자의 관심을 받은 것이다. 이러한 급속한 성장세에 맞춰 팟빵, 네이버 오디오 클립, 밀리의 서재 등 다양한 오디오 플랫폼들은 저마다 차별적인 경쟁력을 만들어내고 있다.

매력적인 콘텐츠는 있지만 유튜브처럼 시각적 영상과 편집에 어려움을 느끼는 분들, 또한 전달력 좋은 목소리와 더불어 나만의 전문성 있는 콘텐츠가 있다면 오디오 플랫폼을 활용한 팟캐스트 방송을 만들어보는 것도 엄마들이 도전하기에 좋은 사이드 프로젝트이다.

대표적 오디오 플랫폼인 팟빵의 '행복한 그림책 놀이터'는 날마다 달마다 아이들과 함께 그림책이랑 놀며 지낸 이야기로 그림책 이야기 오디오 방송으로 연재되고 있다. 세 분의 진행자가 각각 재미있는 그림책 소개 및 낭독을 하며 구독자의 호응을 얻고 있다.

'종이랑 책이랑'은 북튜버이자 나다움 감사 리더님이 이끄는 채널로 내면의 지혜와 치유, 성장에 도움이 되는 좋은 책을 선정하여 낭독으로 소개해주고 있다. 이처럼 콘텐츠가 오디오로 더욱 효과적으로 전달될 수 있다면 팟캐스트 제작에 도전해보자. 또 만약 당신이 목소리에 자신이 있다면 목소리 녹음과 편집을 해 '밀리의 서재'와 같은 오디오북 제작 및 유통 플랫폼을 통해 목소리를 판매할 수도 있다.

유료 콘텐츠 이용자가 늘어나고 있는 만큼, 팟빵은 양질의 콘텐츠 제작자를 늘리기 위해 매월 제작자 공모전을 여는 등 다양한 신규 콘텐츠 개발과 수익 모델 개선을 위해 노력한다고 발표한 바도 있다. 오디오 플랫폼 시장의 확대 전망이 보이는 만큼, 또한 내 목소리에 자신이 있는 콘텐츠 크리에이터라면 팟캐스터로도 한번 도전해보자.

오디오 콘텐츠 플랫폼

*팟빵 : http://www.podbbang.com

*오디오클립 : https://audioclip.naver.com

*밀리의 서재 : https://www.millie.co.kr

*윌라 : https://www.welaaa.com

*스토리텔 : https://www.storytel.com

7

1인 온라인 브랜딩, 나도 할 수 있다!

나는 2020년부터 시흥시 대야종합사회복지관의 육아기 경력단절여성
들의 '함께하는 행복돌봄 재취업지원사업'의 커리어 코치로 현재까지 참
여하고 있다. 본 사업은 경력단절여성 재취업 지원 프로그램을 통해 취
업 의지 및 자신감을 향상시키고 사회경제적 활동을 위한 재취업에 목표
를 두고 지원되는 사업이다. 재취업 수강생 중에는 경력단절 이전의 직
장 경력으로 다시 재취업을 희망하시는 분들도 계셨으나 대부분은 이전
경력과는 상관없이 새로운 진로 분야로 준비하여 다시 일어서기를 꿈꾸
시는 분들이었다. 또한 재취업 계획을 가지고 계신 분들 1:1 커리어 코칭

을 하면서 느낀 점은 사회활동에 대한 의지는 매우 높으나 육아 문제로 현실적 한계에 부딪히게 된다는 점이었다.

　엄마들은 무엇을 하든 시간, 공간, 비용에 대한 제약을 많이 받는다. 맞벌이 시대라고는 하지만 막상 나가서 일하려고 해도 아이가 하원하는 시간, 학원에 왔다 갔다 하는 시간 등 돌봄이 필요한 순간들에 시시때때로 한계에 부딪히게 된다. 조건이 괜찮아 막상 시작한 일도 아이들 방학이 되면 이 또한 지켜내기가 여의치 않다.

　이러한 상황이다 보니 엄마들의 경우 전일제보다는 근무 장소와 시간이 비교적 유연하고 탄력적인 창업, 프리랜서, 독립계약 형태의 일자리를 원하게 되는 추세이다. 실제로도 앞으로는 디지털 플랫폼의 등장에 따라 시간에 국한되지 않는 디지털 플랫폼 내의 다양한 일자리, 독립계약 등 새로운 고용 형태의 여성 참여가 확대되고 있으며, 정부는 이러한 다변화되고 있는 일자리에 대응해서 다양한 정책적 지원과 대응을 하겠다는 방침을 밝히고 있다.(여성가족부 '20년)

　나 역시 일과 가정생활의 균형을 위해 프리랜서 고용 형태로 일하며 아이들이 없는 낮이나 밤, 새벽 등 유연하게 일을 하고 있다. 때때로 중요한 집안 행사가 있거나 아이들이 아픈 경우, 아이들 방학 중이라면 어느 정도 일에 대한 일정을 빼거나 미루는 등 탄력적으로 하고 있다. 또한 코로나 한파가 찾아온 기간에는 오히려 강의나 코칭은 온라인에서 가능했기에 더 편리한 부분이 많았다. 외부로 왔다 갔다 하는 시간에 대한 제약이 없어졌기 때문이다.

재취업 교육에 함께하는 엄마들에게 여성으로서 경제활동 재진입이 어느 정도 용이하고 앞으로도 수요가 지속적으로 있을 것으로 보이는 분야로 커리어 목표들이 많이 나왔다. 사회복지사, 보육교사, 방과후교사, 독서지도사, 플로리스트, 공예 강사, 실버치매예방지도사, 그림책지도사, 스마트 스토어, SNS 마케터, 온라인 창업 등 새롭게 발견한 본인의 흥미와 재능을 살려 일을 해보고 싶으신 분들이 많았다.

온택트 시대여서 엄마 자신의 재능을 탐색하고 일하는 것이 가능해졌다. 코로나 시기여서 제약이 생겼다가 아니라, 코로나로 인해 온라인 시장이 더욱 빨리 우리 곁으로 찾아왔고 그 안에서 가능성을 찾아 빠르게 엄마의 1인 온라인 브랜딩을 해나가는 것이 필요하다. 블로그를 왜 하는 거냐고, 인스타는 또 왜 해야 하는 거냐고 물어본다면 나는 당신의 행복한 노후 생활을 위해서라고 대답해줄 것이다. 남에게 보여주기 위한 SNS가 아닌, 나를 기록하고 성찰하는 과정 안에서 자기다움을 찾아가고, 그 안에서 앞으로 가치 있고 의미 있는 자신의 일을 찾아 그 업을 실현시켜나갈 수 있다면 나만의 행복하고 소박한 '생업(生業)'이 되지 않을까.

엄마의 커리어는 속도가 중요하지 않다고 했다. 지금이라도 내가 가고자 하는 방향을 끊임없이 탐색하고, 기록하며, 나를 세상에 드러내가는 엄마의 퍼스널 브랜딩 과정을 함께 해보자.

나는 올해 초 '프리워커맘을 위한 블로그맘브랜딩' 과정을 일부 수강생 분들과 함께 진행해보았다. 대부분 육아기 엄마이면서 탄력적이고 유연한 업무 형태의 프리랜서를 원하시는 분들이어서 블로그로 1인 브랜딩을 해나가실 수 있도록 과정을 함께했다. 참여자분들 중 자신의 관심 있는 분야로 맘브랜딩 과정을 해나가고 자신만의 스몰 비즈니스로 성장시켜 나간 대표적인 몇몇 분들을 소개해본다.

1) 지구사랑환경운동가를 꿈꾸는 양말목공예 강사 라스공방

[라스공방의 SNS 채널]

지구를 아끼기 위한 업사이클링 공방으로 창업한 라스공방님은 양말 목공예 강사로 시작하여 현재는 커피클레이 전문가과정까지 이수하고 원데이 클래스, 강사 양성의 수업을 다수 진행하고 있다. 이전부터 패션 유통 분야에서 일했던 경력이 있어서인지 감각이 남다른 면이 있었던 분이었는데 발 빠르게 최근 떠오르고 있는 친환경 업사이클링 분야에 뛰어들어 기술을 익히고 오프라인 공방 창업과 여러 기관에 출강하며 여성 창업가로서 멋진 롤모델로 성공하였다.

　라스공방님의 경우 사이드 프로젝트의 성공적인 단계를 통해 점진적으로 성공한 케이스라 볼 수 있다. 자신의 흥미 있는 분야를 찾아 양말목 전문강사 자격증 취득과 교육이수를 하였고, 인스타를 시작으로 하여 블로그에도 양말목공예 작품을 꾸준히 올렸다. 즉, 자신의 콘텐츠를 꾸준히 온라인 채널에 축적해나갔던 것이다. 또한 담당 코치님의 재능기부 수업 제안에 기회를 놓치지 않고 양말목 온라인 클래스로 재능기부 수업을 성공적으로 진행했다. 한참 코로나로 아이들 모두 학교 원격수업을 진행하던 때라 오프라인에 참여하기 어려운 엄마들에게 있어 온라인에서 즐길 수 있는 힐링 랜선 모임 클래스였다. 재능기부는 경험을 쌓고 새로운 가능성을 열어주는 또 하나의 커리어다. 실제 현장 경험과 이력으로 또 온라인 채널에 자신의 이력을 축적시키다 보면 생기는 기회가 바로 외부 강의 섭외다.

[라스공방의 외부기관 출강 현장]

블로그와 인스타에서 지속적으로 자신을 알리는 해시태그와 키워드를 사용하여 콘텐츠를 올리며 브랜딩을 해나가다 보니 점차 기관에서 개인 출강 섭외가 들어오기 시작한 것이다.

하나의 사이드 프로젝트의 성공은 또 다른 파이프라인으로 확장시켜 나갈 수 있다. 네이버 스마트 스토어의 온라인 판매 상품점까지 입점하여 자신의 양말목 작품을 판매 시도도 해보기 시작한 라스공방님은 이제 어엿한 여성 창업가이자 업사이클링 분야 전문가이다. 엄마의 1인 온라인 브랜딩으로 하루하루 매일 성장하며 자기계발에 힘쓰고 있는 라스공방 채널에 꼭 한번 방문해보자.

블로그 : blog.naver.com/lovely0789

인스타 : @la_s_gongbang

2) 엄마들의 성장 멘토, 엘렌의 감사일기 프로젝트

[엘렌님의 블로그 채널]

'엘렌의 마음챙김 영어챙김 성장노트'를 운영하고 있는 엘렌님은 초반 커리어 로드맵과 자신만의 주제 콘텐츠를 찾는 데 어려움이 많았다. 그때 제안드린 과정이 바로 '블로그 글쓰기로 나를 찾아가는 커리어플랜잇'이다. 한 달 간 블로그에 자신을 성찰하여 글쓰기를 하여 자신을 탐색해봄과 동시에 블로그도 시작해볼 수 있도록 한 것이다.

자신에게 끊임없이 질문하고 답해가는 과정에서 '길'을 찾게 된다 했더니만, 엘렌님은 '글쓰기'를 해나가는 과정에서 자신이 '글쓰기'를 좋아한다는 새로움을 알게 되었고, '엄마 작가'라는 또 다른 꿈을 꾸게 되었다. 가만히 책상 앞에 앉아 고민만 한다고 해서 길은 보이지 않는다.

일단 무엇이든 기회가 있을 때 합류하고 참여하며 경험하다 보면 생각지도 못한 길에서 자신의 가능성을 탐색하고 발견할 수 있다. 여기서 멈추지 않고 엘렌님은 매일 '감사일기와 필사'에 도전하며 블로그에 자신의 성찰일지를 축적해가기 시작했다. 감사일기와 필사를 하며 일상의 감사함과 자신의 마음챙김을 할 수 있었던 그녀는 문득 이러한 감사일기를 다른 사람과 함께 나누고 싶다는 생각을 하게 된다. 감사일기와 필사의 꾸준함과 실행이 또 하나의 점(dot)을 만든 것이다. 그렇게 시작하게 된 그녀의 온라인 사이드 프로젝트가 '엘렌의 마음챙김 프로젝트'다.

바로 직접 감사일기 제본과 홍보 포스터와 모집 공지를 내고 재능기부로 시작했다. 이후 기수부터는 유료 과정으로 전환하여 현재까지 감사일기 프로젝트를 이어가고 있다. 시작이 꼭 거창할 필요가 없다. 생각해도 도저히 길이 안 보이면 일단 어떤 과정이든 참여하고 경험하다 보면 점들을 찍어갈 수가 있다.

[엘렌님의 감사일기 프로젝트]

엘렌님은 현재 또 다른 사이드 프로젝트에 도전 중이다. 바로 자신이 새로 발견한 '글쓰기'의 재능을 탐색하고 경험하기 위해 '소책자' 출간과 브런치 엄마 작가에 도전하기로 한 것이다. 향후 '친절한 영어쌤'으로 초등영어교육 전문가로 거듭나 영어공부방도 차려보고 싶다는 그녀는 매일 꿈을 그리고 오늘도 성장의 과정에 있다. 그녀의 도전은 또 누군가에게 동기부여와 희망을 줄 것이다. 엘렌의 감사일기와 100일 필사 과정에 참여하고 싶은 이들은 엘렌의 채널에 방문해보자.

블로그 : blog.naver.com/ restart1638

3) 아이 셋 엄마 플로리님의 '꽃리스' 원데이 클래스 도전기

[플로리님의 SNS 채널]

꽃과 식물을 사랑하는 아이 셋 엄마 플로리님의 첫 시작 또한 재능기부 클래스였다. 화훼장식기능사 자격증을 공부하며 원예 강사를 꿈꾸던 그녀도 인스타와 블로그에 작품을 꾸준히 올려 콘텐츠를 누적해가기 시작했고, 재능기부 도전을 발판으로 이후 복지관 내 엄마들의 '플라워공예' 소모임 리더가 되었다. 몇 차례의 재능기부 활동으로 자신감이 붙은 그녀도 이후 학교 플라워공예 강의 경험을 쌓을 수 있게 되었다.

엄마의 브랜딩 과정은 한순간에 이뤄지지 않는다. 모든 자격을 다 갖추고 시작하는 것이 아닌, 지금 이 순간부터 내가 성장하는 과정을 담는 것이 중요하다. 그 과정 안에서 이웃의 응원과 지지가 생기고 나도 해낼 수 있겠구나 하는 희망이 생긴다.

플로리님은 일상과 자신의 콘텐츠를 자연스럽게 녹여내서 포스팅하는 강점이 있는 분으로 많은 이웃 블로거들의 공감과 응원을 받고 있다.

1년 전 플로리님의 바람으로 직접 작성해보신 직업가치선언문이다. 그 꿈을 종이 위에 적고, 자신의 온라인 채널에 앞으로 자신이 이뤄갈 목표들을 공유하며 적어간 성장 과정의 기록들은 앞으로 그녀의 훌륭한 커리어 포트폴리오가 되어줄 것이다. 플로리님의 플라워공예 클래스 수업 참여와 코칭을 원하는 이들은 플로리님의 채널에 방문해보자.

블로그 : https://blog.naver.com/wellmom

인스타 : @bomflower79

4) 룰루쌤과 함께하는 창의수학&엄마표 영어 스터디 도전기

[룰루쌤의 SNS 채널]

공부가 놀이가 되는 공간으로 만들고 싶다는 룰루쌤이 처음 도전한 사이드 프로젝트는 엄마표 영어다. 처음은 재능기부 수업 형태로 엄마표 영어 수업에 관심 있는 엄마들 대상으로 도전하여 진행해보았다. 온라인 줌 수업과 단톡방으로 운영되는 과정이 결코 쉽지 않았지만 시작의 경험이 그녀에게 자신감을 심어주게 된 계기가 되었다. 이후 'English For Myself' 엄마표 영어회화 온라인 과정을 유료 정규 과정으로까지 성공적으로 이끌었다. 초반 엘렌님과 함께 2기까지 진행 후 자신들만의 독자 콘텐츠로 사이드 프로젝트에 도전하게 되었다. 룰루쌤은 '놀이로 배우는 수학' 온라인 클래스로, 엘렌님은 '감사일기' 프로젝트다.

[룰루쌤의 엄마표 영어 온라인 줌 수업]

약 1년간 블로그를 시작으로 일상을 기록하고 점차 자신만의 주제 콘텐츠를 찾아 재능기부 수업과 정규 과정으로까지 이끈 룰루쌤도 또 새로운 점(dot)을 이어갈 수 있었다. 엄마가 되어 자녀를 직접 교육하다 보면 엄마표 영어, 엄마표 수학지도, 가베 등 유·아동 대상 교육지도에 관심을 가지게 되는 엄마들이 많다. 그림책지도, 창의수학, 독서논술지도, 한국사 등 모두 교육지도 분야에 적성과 흥미를 가진 분들이 재능을 살려 충분히 평생교육기관 교육강사나 학교 방과후강사로 진출할 수 있는 가능성 있는 분야이다. 룰루쌤의 사례는 이런 교육지도 분야에 관심 있는 엄마들이 벤치마킹해볼 만한 좋은 롤모델 사례가 될 것이다.

앞서 온라인 브랜딩 과정에서 해야 할 단계로 해당 분야의 전문 이력을 증명할 자격증이나 교육 등의 포트폴리오라고 했었다. 룰루쌤 또한 사이드 프로젝트에 도전하면서 목표한 영어독서지도사, 창의융합수학지도사 등의 자격증을 취득해나갔으며 현재는 영어학원 강사로도 취업하여 전문 이력과 경험을 쌓아나가고 있다. 공부가 놀이가 되는 공간으로 즐겁게 창의수학과 영어독서지도를 함께 해보고 싶다면 룰루쌤의 공간에 한번 방문해보자.

블로그 : blog.naver.com/nahanaooo
인스타 : @lulu_lala_study

나누고 성장하는 삶, 두 번째 명함이 찾아온다!

『작고 소박한 나만의 생업만들기』의 저자인 이토 히로시는 명문대 출신으로 벤처기업에 들어가 일하게 되지만 지나치게 일에 치중한 나머지 건강을 잃어버리게 된다. 이후 프리랜서 기자로 전향하지만 이마저도 신문 판매량이 줄어들면서 일자리가 위태로워진다. 그는 '살기 위해서 삶을 저당 잡힐 필요는 없다'고 생각하고, 살아갈 수 있는 방법을 고민하게 된다.

그는 혼자서도 시작할 수 있고, 돈 때문에 내 시간과 건강을 해치지 않으며, 하면 할수록 머리와 몸이 단련되고 기술이 늘어나는 일을 찾기 위해 노력했고, 추후 삶을 희생하는 업을 '전업(全業)', 삶을 위한 업을 '생업(生業)'이라고 정의했다.

『스몰 비즈니스 헤드스타트』에서 스몰 비즈니스(SMALL BUSINESS)는 최근 창업 열풍과 더불어 신기술과 아이디어를 가진 스타트업의 의미가 더해지면서 '작지만 전문성과 창의성을 갖춘 혁신 친화적 기업'을 지칭하는 말로 폭넓게 사용되고 있다고 하였다. 스몰 비즈니스가 기술 발전과 노동시장 변화 등 4차 산업혁명 시대의 급변하는 환경 속에서 불확실성을 극복할 현실적인 대응 전략으로 주목받고 있는 것이다.

스몰 비즈니스는 경력단절 시기 혹은 자신의 재능을 시도하여 제2의 직업을 찾는 엄마들에게 디지털 플랫폼을 활용하여 작게 시작해볼 수 있는 최적의 비즈니스 형태이다. 투자금이 크게 필요한 것도 아니기에 자신이 좋아하는 분야를 선택한 것에 비해 리스크가 크지 않다. 단, 처음부터 수익에 대한 너무 큰 기대를 가지고 해서는 안 된다. 마음이 급해지면 금방 지치기 마련이다. 시도해본 전자책, 강의, 정기 모임, 스마트 스토어 판매 등의 다양한 사이드 프로젝트 경험은 엄마의 작고 소박한 스몰 비즈니스이자 삶을 위한 '생업(生業)' 만들기가 될 수 있을 것이다.

작게 시작하여 점을 이루어가다 보면 그것이 곧 '업'이 될 수 있다. 돈을 쫓기 위해 시작하는 것이 아닌, 나의 경험을 나누고 성장하는 삶을 따라가다 보면 어느새 엄마의 두 번째 명함이 찾아오지 않을까.

에필로그

나의 두 번째 명함, 지금 여기서 오늘부터

시작에는 설렘과 함께 늘 두려움이 동반된다. 어느 날, 한 예능 프로그램에서 유명 여배우가 이런 말을 한 것을 본 적이 있다.

"촬영 며칠 전부터 이른 아침에 일어나 공원에서 음악을 들으며 생각해요. 나 이거 잘할 수 있을까? 늘 그런 두려움이 있어요. 수도 없이 도망가고 싶어요."

나 또한 한 발 내디딜 때마다 설렘도 있지만 두렵고 도망가고 싶은 순간이 한두 번이 아니었다. 내 이름으로 낸 첫 책 출간을 앞두고 있는 지금 이 순간도 설레지만 두려움이 함께한다. 쉽게 읽히고, 공감할 수 있는 글이 좋은 글이라는데 그 기준에 맞게 글을 써내려간 건지 다시 읽고 고쳐 쓰기를 수없이 반복한다. 생각해보면 어느 순간부터 나는 새로운 시작에 대한 설렘과 두려움, 그리고 책임감으로 조금씩 점을 찍어왔음을 깨닫게 된다. 대학 졸업 후 들어간 첫 직장을 3년이라는 긴 고민 끝에 나 스스로 퇴사하고 나온 순간부터 나는 내 삶의 주인의식을 가지고 내가 선택한 것들에 책임감을 가지려 노력해왔다. 결혼으로 남편과 함께 새로운 가정을 꾸릴 때에도, 엄마가 된 순간에도, 행복하지만 고단했던 육아기에 새로운 일을 찾아나설 때에도 설렘과 두려움, 그리고 책임감이 함께 했다. 타인의 기대와 바람을 따라 사는 것이 아닌 내가 원하는 '나다운 삶'을 선택하는 데에는 많은 용기가 필요했다.

나는 내가 좋아하는 일을 하며 살고 싶었다. 일의 노예가 아닌 내가 일을 몰고 갈 수 있기를 바랐다. 전투적인 삶이 아닌 작고 소박한 나만의 '생업(生業)'을 찾고 싶었다. 내게 주어진 시간에 충실하게 살아가는 것을 넘어서서 그 시간 안에 충만히 행복하길 바랐다. 그런데 내가 충만히 행복한 삶을 살아가기 위해선 '성장하는 과정의 나를 이끌어가는 시간'이 함께해야 가능함을 깨닫게 되었다. 멈추어 있어서는 변화는 일어나지 않고, 변화가 일어나지 않으면 성장할 수 없었기 때문이다. 하지만 급하게 가고 싶지 않았다. 엄마가 된 그 순간부터 매일의 하루는 소중한 특별한 날이었기에 아이들과 함께 엄마도 성장하는 시간을 가지고 싶었다.

육아기는 아이의 눈부신 성장을 바로 볼 수 있는 시기이자, 엄마도 자신에 대해 더 깊이 이해하고 키워나갈 수 있는 시기이다. 그러니 엄마인 자신을 위해 지금의 이 시기를 엄마의 '특별함'으로 만들어가길 바란다. 아이가 엄마 손을 떠날 그날을 준비하며, 네가 성장한 만큼 엄마도 이만큼 성장했다고 서로 웃으며 이야기해줄 수 있는 그날을 꿈꾸며 말이다.

이제, 나 자신을 믿으면서 엄마의 두 번째 명함, 바로 지금 여기서 오늘부터 엄마다운 삶의 여정을 시작해보자.

엄마의 직업 탐색 정보 A-Z

1. 어떤 일을 해야 할까? 직업정보 탐색하기

아이 키우며 몇 년간 사회와 단절돼 지냈다면 최근 구직시장은 어떻게 돌아가고 있는지 채용정보는 어디서 찾는 것인지 이력서 자기소개는 어떻게 준비하면 되는지 충분히 감을 못 잡을 수도 있다. 때문에 다시 준비하는 제2의 직업을 찾기 위해서는 여러 직업정보들을 살펴보는 게 필요하다. 그런데 어디서 어떻게 직업정보를 찾을 수 있을까?

1. 워크넷 '여성을 위한 직업정보' 전망서 활용

고용노동부 정부 산하기관인 한국고용정보원의 워크넷 홈페이지 (work.go.kr)가 있다. 워크넷에서는 재취업을 원하는 여성들이 자신에게 일을 다시 찾으려고 할 때 무엇을, 어디서부터, 어떻게 해야 할지 어려움을 겪는 여성들을 위해 '3050 여성을 위한 직업정보', '주부재취업 60'을 발간하였다. 발간된 지 기간이 좀 지나긴 했지만 여전히 주부·여성들이 많이 관심을 가지고 진입해보면 좋을 정보가 잘 제시되어 있고 특히 진입 사례들이 잘 수록되어 있으니 참고 자료로 활용해보자.

2. 직업 흥미 및 커리어 진단 검사 활용

자신의 성격 및 흥미 분야에 따라 적합한 직업군을 좀 더 파악해보기 위해서 유·무료 커리어 진단 검사를 받는 것도 방법이다. 직업정보는 직업정보일 뿐, 현재 개인별로 저마다 준비할 수 있는 여건들과 커리어 이슈가 다르기 때문에 필요에 따라 커리어 코치로부터 1~3회기 정도의 커리어 코칭을 받고 자신만의 커리어 로드맵을 그려보는 것도 좋다.

1) 워크넷 직업 선호도 무료 검사 (work.go.kr)

워크넷의 직업 선호도 검사는 어떤 직업에 관심과 흥미가 있는지를 파악하기 위한 검사이다. 아울러 이 검사를 통해 어떤 직업을 선택하면 직업적으로 성공할 가능성이 높은가도 알아볼 수 있다. 워크넷의 직업 선호도 검사에는 L형(long form)과 S형(short form)이 있다. L형 검사에 필요한 소요 시간은 대략 60분, S형은 약 25분 정도 걸린다.

2) 버크만 커리어 진단 유료 검사

버크만 커리어 진단은 개인의 관계적, 업무적 강점부터 가능성, 보완 영역까지 진로 · 경력 설계에 필요한 총체적 정보를 제공해준다. 이를 토대로 단 · 장기적인 자신의 미래 설계가 가능하고 이에 대한 실천 전략 수립을 할 수 있다. 버크만 진단은 유료 진단 검사로 버크만 진단을 실시할 수 있는 전문 버크만 디브리퍼에게 의뢰하여 검사 진단 및 디브리핑(해석상담)을 받을 수 있다. 필자는 버크만FT 자격으로 진단 및 디브리핑이 가능하니 필요한 경우 필자에게 의뢰하면 된다.

2. 여성 취업 지원 프로그램 알차게 활용하기

자기 탐색 및 다양한 직업 정보를 찾아보는 단계를 거쳤다면, 이제는 적극적으로 온·오프라인 기관의 취업 지원 프로그램을 활용해보자.

1. 여성새로일하기센터 (saeil.mogef.go.kr)

여성새일센터는 고용노동부와 여성가족부가 공동운영하는 취업지원 서비스센터로 전국 155개가 운영되고 있다. 직업상담, 직업교육, 취업연계, 취업 후 사후관리까지 구직과 취업에 관련된 다양한 서비스를 제공하고 있다. 특히 여성새일센터에서는 구직을 희망하는 여성들을 위한 집단상담 프로그램이 하루 4시간씩 3일, 5일 단기 과정으로 운영되고 있다. 체계적인 구직 준비에 도움을 받을 수 있는 장점이 있으니 아이들이 어린이집 혹은 학교에 가 있는 시간을 이용해보길 추천한다.

2. 국민취업지원제도 (work.go.kr/kua)

국민취업지원제도는 취업취약계층 구직자들을 위한 취업지원서비스이다. 여기서 말하는 취업취약계층은 저소득층, 청년, 영세 자영업자들이고, 특히 저소득 구직자에는 생계안정을 위한 소득도 결합하여 지원하고 있다. 국민취업지원제도 서비스 혜택을 받기 위해서는 I유형과 Ⅱ유형에 해당되는지 사전에 확인을 해보는 게 필요하다. 자격요건과 혜택은 국민취업지원제도 공식 홈페이지에서 확인해보면 된다.

3. 여성을 위한 커리어 플랫폼 '위커넥트' (weconnect.kr)

'나의 일'과 '나의 가족'에 모두 집중하고픈 경력단절여성들의 니즈를 해소해줄 위커넥트는 유연하고 다양한 형태의 일자리와 연결시켜주고 커리어적으로 성장할 수 있도록 적극 지원하는 여성 전용 커리어 플랫폼 이다. 위커넥트는 유연근무, 선택근무, 탄력근무를 지원하는 채용공고를 쉽게 찾아볼 수 있고 휴직기간 활용법, 육아돌봄 관련 제도 강의 등 맞춤형 커리어 성장 프로그램을 제공하고 있다.

4. 온라인 경력개발 포털 서비스 '꿈날개' (dream.go.kr)

경기도와 여성가족부에서 주관하여 운영되고 있는 '꿈날개'는 여성의 취업 및 창업을 위해 특화된 온라인 경력 개발 포털 서비스이다. 다양한 온라인 직업교육, 1:1 취업 상담, 이력서 클리닉, 모의면접 코칭, 직장 적응상담 서비스까지 취업 준비부터 단계별로 전문 상담사가 무료로 도와주고 있다.

3. 돈이 되는 자격증 및 국비지원교육 활용하기

자격증 취득 시 우선 고려해야 할 점은 내가 준비하고 있는 커리어와 연관된 자격증을 준비해야 한다는 것이다. 또한 같은 자격증이라 하더라도 영향력 있는 국가자격증을 취득하도록 한다. 물론 해당 분야의 국가자격증이 없는 경우 민간자격증도 좋다. "민간자격증이 과연 도움이 될까요?" 질문하는 이들도 있지만 경력란을 아예 공백으로 두는 것보다는 훨씬 낫다.

1. 국가자격정보 서비스 (q-net.or.kr)

국가자격은 국가전문자격과 국가기술자격으로 나뉜다. 큐넷(q-net)에서 시행 종목 및 시험 일정 등의 정보를 확인할 수 있다. 국가전문자격은 취득하기가 어려운 대신 취업 활용도가 높은 편이다. 사회복지사, 보육교사, 영양사, 청소년상담사, 산림교육전문가 등과 같이 여성들이 많이 취득하는 국가전문자격이 있으니 살펴보자.

2. 민간자격정보 서비스 (pqi.or.kr)

민간자격은 국가 외에 개인, 법인, 단체 등의 민간에서 관리 운영하는

데 교양적 성격의 자격이 많고, 창업이나 프리랜서 성격에 부합하는 일자리나 교육과 연계된 자격이 많다. 민간자격은 관심 있는 키워드 검색으로 쉽게 찾아볼 수 있다. 예를 들어, 유·아동 대상으로 독서논술지도사가 되고 싶어 하는 분들이라면, 한국직업능력개발원 민간자격정보서비스(pqi.or.kr)에 등록된 '독서논술관련 자격증'을 검색하여 정보를 확인 후 취득이 가능한 곳을 선정하여 준비하면 된다.

3. 내일배움카드로 국비지원무료교육 받기 (hrd.go.kr)

누구나 최대 500만 원까지 정부지원금으로 알차게 국비지원 무료교육을 받을 수 있는 '국민내일배움카드'가 있다. 정부는 훈련비의 45~85%를 지원하고, 훈련 참여자는 훈련비의 남은 일부를 자부담하는 식이다. 국민내일배움카드는 직업능력지식포털 HRD-NET(hrd.go.kr)에서 신청가능하며, 카드 수령 후에는 HRD-NET에서 나에게 맞는 훈련 과정을 찾아 교육을 신청하면 된다.

만약 사회복지사를 준비하는 구직자의 경우 사회복지사 자격증도 준비하면서 국비지원 사회복지 실무양성과정도 참여하면 향후 경력 기술서에 교육이수사항을 기재할 수 있기 때문에 경력사항에 좋고, 더불어 분야 내 같은 직종을 준비하는 분들과 네트워킹을 다질 수 있어 지속적인 동기부여 및 분야 내 관련 정보를 모으는 데 큰 도움이 된다.

4. 취·창업을 위한 자격과정 및 무료교육 듣기

코로나 이후 많은 것들이 변화되고 힘들어지긴 했지만, 달라져서 좋아진 점이 하나 있다. 바로 웬만한 좋은 교육 컨텐츠를 온라인에서 접해볼 수 있다는 것이다. 현재 많은 양질의 좋은 교육 콘텐츠를 무료로 온라인 수강할 수 있는 유용한 곳이 많으니 꼭 이용해보자.

1. 무료교육 배움 및 사이트 정보

1) 국가평생학습포털 늘배움 (lifelongedu.go.kr)

전국에 산재되어 있는 평생교육정보, 학습 콘텐츠 등을 한 곳에서 제공 지원하는 '평생학습 종합포털'이다. 온라인 학습, 월별 기관 강좌, 서울자유시민대학, 학습지원센터 등의 정보를 제공한다. 취업 및 자격증, 외국어, 교양 등의 온라인 강의를 무료로 수강할 수 있다.

2) 경기도무료온라인 평생학습 GSEEK (gseek.kr)

경기도민의 다양한 학습 기회 제공을 위해 경기도와 31개 시·군이 함께 운영하는 평생학습 포털 서비스이다. 평생학습분야 관련한 온·오프라인 교육 과정, 경기도민이라면 누구나 예약할 수 있는 학습 공간 서비스 등을 제공하고 있다.

3) 경기콘텐츠코리아랩 (gconlab.or.kr)

경기콘텐츠코리아랩은 누구나 자유롭게 창작할 수 있도록 분야별 교육 및 멘토링 프로그램 운영과 함께, 열린 협업공간을 지원하는 게 특징이다.

4) 꿈날개 온라인교육 (dream.go.kr)

경기도와 여성가족부가 함께 운영하고 있는 온라인경력개발센터 꿈날개에서는 여성 유망 직업, 직업 스킬, 창업·취업 준비, 외국어, 자격증 등 약 700여개의 온라인 무료교육을 제공하고 있다.

5) 패스트캠퍼스 (fastcampus.co.kr)

실무 역량 강화 클래스를 온라인으로 수강할 수 있는 패스트캠퍼스는 마케팅, 파이낸스, 영상·디자인, 데이터사이언스 등의 강의를 저렴하게 수강할 수 있다.

6) 인프런 (inflearn.com)

누구에게나 성장의 기회를 균등하게 부여하기 위해 만들어진 온라인 학습, 지식 공유 중개 플랫폼 인프런은 개발, 프로그래밍, IT, 영상 편집, 그로스 해킹, 블록체인 등의 강의를 들을 수 있는 것이 특징이다.

2. 분야별 전문 칼럼 구독해보기

좀 더 전문적이고 다양한 커리어 컨텐츠와 분야별 칼럼을 구독해보는 것도 추천한다. 플랫폼마다 집중하고 있는 토픽이 조금씩 다르고 특히 생산적이고 효율성을 높일 수 있는 비즈니스, 자기계발 관련 트렌드를 잘 제공하고 있다. 무료, 일부 유료 등 플랫폼마다 서비스 제공 방식이 다르니 둘러보며 내 취향에 맞는 플랫폼을 선택해 구독해보자.

1) PUBLY (publy.co.kr)

퍼블리에선 일을 더 잘하고 싶은 사람들을 위한 여러 분야의 트렌드, 지식, 노하우를 웹·앱으로 읽을 수 있다. 주요 토픽은 브랜드&마케팅, 비즈니스 전략, 소비&산업 트렌드, 리더십&조직관리, 커리어 경험담 등이 실려 있다.

2) FOL IN (folin.co)

폴인에선 각 분야의 전문가들의 생생한 경험과 깊이 있는 인사이트를 읽을거리와 스터디 등으로 제공하고 있다. 비즈니스, 공간, 라이프 스타일, 스타트업, 커리어 등 다양한 주제를 다루고 있어 볼거리가 풍성한 장점이 있다.

5. 여성 창업 지원 프로그램 활용하기

1. K-Startup (k-startup.go.kr)

온라인 창업 교육, 시설공간 지원, 멘토링 컨설팅, 정책자금 등 창업에 필요한 다양한 서비스를 제공받을 수 있다.

2. 소상공인마당(sbiz.or.kr)

예비 창업 또는 초기 창업을 위한 맞춤 컨설팅, 소상공인 경쟁력 강화를 위한 교육, 정책자금 지원 등의 서비스를 제공한다.

3. 여성기업 종합정보포털(wbiz.or.kr)

보육공간 및 지원시설 지원, 저소득층 대상의 창업자금, 창업 아이템 발굴을 위한 여성창업경진대회 등 여성 창업지원 서비스를 제공한다.

4. 소상공인 창업아카데미 (edu.seoulsbdc.or.kr)

서비스, 외식, 도소매, 인터넷 등 주요 업종 창업에 필요한 창업 구성,

창업 준비, 창업 성장 등 각종 온오프라인 교육을 제공하고 있다.

5. 경기여성창업플랫폼 꿈마루 (dreammaru.or.kr).

경기도 여성이라면 누구나 이용할 수 있는 창업 공간으로 공용 사무
공간, 미팅룸, 사무기기, 창업 상담 등의 지원을 받을 수 있다.